U0434693

为北京奥运设计 | 北京 2008 年奥林匹克运动会形象景观设计系列丛书

中央美术学院奥运艺术研究中心

王敏 杭海 主编

云与气

北京 2008 年奥林匹克运动会核心图形及奥运形象景观系统设计

中国建筑工业出版社

Design for the Beijing 2008 Olympic Games | Series Books on the Image & Look Design of the Beijing 2008 Olympic Games

Art Research Center for Olympic Games of CAFA (ARCOG)

Chief Editors: Wang Min Hang Hai

YUN & QI
Design of the Core Graphic and the Image & Look System of the Beijing 2008 Olympic Games

China Architecture & Building Press

“非常感谢中央美院师生为奥运所做的巨大贡献！”

——雅克·罗格（Jacques Rogge）
国际奥组委主席

左页图（从上至下）：中央美术学院院长潘公凯（左一）向国际奥委会主席罗格（左四）赠送奥运礼物。中央美术学院设计学院院长王敏（右一）陈述奥运工作。罗格（右一）拜访、参观中央美术学院。

欢迎来到国家体育场
Welcome to The National Stadium
17:36:02
17:36:02
BEIJING
Beijing 2008

奥运景观——一幅瑰丽的中国图画

赵东鸣

北京奥组委文化活动部 部长

王敏院长找我说，他们正在编写一套记述中央美院参与北京奥运会形象景观设计的图书，希望我能撰写个序，我欣然从命。他同我既谈及了编辑此书的初衷，也一同回忆起当初的中央美院以及清华美院和众多的设计师们满腔热情地参与奥运景观设计，殚精竭虑完成每项任务的工作情景，讲述到从学院的设计小组到奥组委的景观大团队那无数个日日夜夜、许许多多难忘的人和事。虽然北京奥运会已经过去几年了，这位曾任教于美国耶鲁大学并担任全球最大的图像设计软件公司设计总监的教授、设计师，当年就是为了奥运放弃了优厚待遇举家搬迁回国，担纲了中央美院设计学院院长和北京奥组委的形象景观艺术总监的艰巨任务。他现在讲述起当时的故事，依然那么热切，那么感人肺腑。言语中，他那份对奥运的深厚情结，对设计师们的尊重，对学院青年人成长、成功的欣慰，真的令我很感动。我作为当初负责奥运文化工作的部长，同大家有很深入的接触。我始终认为，参与北京奥运会景观设计的青年设计师团队是一支出色的、充满力量的未来新星，我切身感应到他们那平时看似不善言表，其实有着强大的内心和力量！我深知奥运的经历，奥运对每个人形成的那股精神力量是不灭的。当时所有参与者都是以能为奥运、为民族、为国家作贡献而骄傲、而自豪、而爆发。正是于此，北京奥运景观庞大的设计任务，极高的创意要求，以及很多难以想象的困难等，都在那些初登奥林匹克景观设计舞台的年轻设计师的团结协作、忘我拼搏和睿智辛劳下，创造出一个个美好的奇迹，完成了奥林匹克史上最丰富、最东方、最炫美的景观设计和应用。

北京奥运会的景观工作是经受了巨大的国际性挑战的，由于它的国际化、专业化、高水准要求，加之北京奥运的景观规模比雅典等城市要大得多，我们又是第一次举办，外国专家曾不只一次善意地怀疑我们是否有这样的专业能力，能否按时且高水平地完成申办承诺和如此巨大的景观工程。也有外国专家和公司多次想高价承担北京奥运会的景观设计和实施工作，对此，北京奥组委坚持使用中国自己的设计和实施力量，组建了年轻的形象景观工作团队。奥运会的重大创意、设计，是依靠和动员社会力量参加，充分调动社会人才和各方面专业力量的积极性来完成的，这些方式也为中央美院等院校、专业机构的师生、人才提供了难得的机遇。实践证明，依靠自己的人才力量的方针是十分正确的，正是他们把奥林匹克同中国文化完美地结合，从而创造出了会徽“中国印”、“金镶玉”奖牌、“祥云”核心图形、“篆书之美”体育图标、火炬等经典设计，完成了整个奥运城市、奥运场馆、各类奥运活动的景观设计及宏大工程。奥运之美的第一印象一定是奥运形象景观。北京奥运会的形象景观犹如“奥运之都”的一幅瑰丽的中国画，赢得了社会公众、媒体和国际奥委会的广泛赞誉和好评。萨马兰奇先生曾说：“北京2008年奥运会形象景观是‘最好的、最出色的、国际化带中国特色的’”。对北京奥运会“无与伦比”的评价中有景观工作的突出贡献，作为奥运景观设计的主力军之一的中央美院最早、最多地承担了奥运会的设计任务，从学院领导到众多师生，都参加到重要的项目组及相关工作中，他们完成的很多成果已成为宝贵的奥运文化遗产。还有一批骨干先后调入奥组委文化活动部景观设计处、景观实施处工作，中央美院可以说为北京奥运会、残奥会发挥了巨大作用，功不可没。

王敏先生作为中央美院设计学院的院长想通过编辑这套书把学院参与北京奥运景观设计的历程和丰硕成果保留下来，把学院师生和设计师们表现出的家国情怀、奉献精神记录下来，我认为非常有必要、有价值，这不仅仅是记述历史、记述那些宝贵的设计成果，更是延续奥运精神、延续奥运带给我们民族的伟大创造精神。对此，我赞赏编纂这套丛书，感谢为该丛书出版献力的所有人，也由衷祝贺这套丛书的出版！

赵东鸣

2012年9月21日

上图：国际奥委会主席罗格（左六）来访中央美院，与中央美院领导、教授及嘉宾合影。

中国设计为奥运增辉

潘公凯
中央美术学院 院长

北京2008年奥运会设计是一个庞大和复杂的系统工程，在这一系列相关设计工作中，既要体现中国文化的特色以及为此作出的艺术性追求，为奥运留下一笔有中国特色的遗产，又要和奥林匹克传统精神相结合，实现设计本身的功能性要求，得到全世界人民的认可和接受，这确实面临不少挑战。

2006年，经国际奥委会认可，北京奥组委批准，中央美术学院专门成立了奥运艺术研究中心，抽调师生专题研究北京2008年奥运会的视觉形象系统设计，成为北京奥组委指导下的重要设计团队。经过我院设计学院群策群力，师生齐心协力、各尽所长，奉献热情和智慧，完成了十多项与北京2008年奥运会有关的重大设计工程项目。2008年，举世瞩目的第29届奥林匹克运动会在北京成功举办，奥运奖牌、色彩系统、体育图标、核心图形、奥运门票、残奥会会徽、奥运火炬传递景观设计、奥运地铁支线设计等视觉形象设计成果得到国际设计界的赞誉。

设计的过程充满艰辛。从提出想法到整合资源提出方案，再到提交奥组委竞标，采取分阶段创作、多层次管理的模式，尽可能地整合资源，发挥大家的创造力。更重要的是还要考虑设计本身的功能性要求，比如奥运艺术研究中心设计的导视系统，包括机场、高速公路以及体育场的指示标识，它们必须具备准确的指示功能，不能因为体现中国文化特色和追求艺术性而忽略这个基本诉求。其他如门票、注册卡的设计都是功能性要求很高的项目。另外，整个设计也要考虑对北京整体形象的塑造和交通设施的影响。如何让传统文化要素具有现代感，如何让北京这个拥有几千年历史的古都展现当代风采，如何通过我们的设计给各国运动员与观众留下一个美好的北京2008年奥运会的印象，这一直是我们在思考和努力解决的问题。

这些项目的操作让中央美院的设计能力受到广泛好评，中央美院奥运设计团队被国务院授予“北京奥运会、残奥会先进集体”荣誉称号。中央美院设计的机场线地铁站也被誉为“世界上最有设计艺术性的地铁站”。国际奥委会也对这些设计评价很高，我们的团队最令他们吃惊的是，所有的奥运设计竟然来自学校的设计团队而非专业的国际设计公司。

时隔四年，随着新一轮奥运季的开始，本套丛书也将付梓。此套丛书的出版，将设计学院在奥运期间的作品付诸纸端，各项成果系统地再现于社会，一方面是对过去工作的回顾与总结，以及对这一重要历史阶段的记录；另一方面，奥运设计无疑为中国设计界带来一个提升的机会，奥运会本身就是中国形象、中国国力及民族自信心的一次绝佳的展示机会，它必然给中国设计带来正面、积极的影响。北京2008年奥运会之后，可能会有更多的中国自主设计涌现出来，成为文化产业与经济的推动力。

现代设计作为创意产业的重要内核，将艺术创造力与科学技术密切结合，将艺术与科技两种全然不同的创造方式整合为巨大的产业力量，是推动经济与文化发展的第二生产力。因为现代设计是将科学技术转化为文化优势和战略优势的智慧与保证。要从“中国制造”转向“中国设计”、“中国创造”，就必须发展上述两种实力：以“科学技术”作为解决产品的内在技术、功能及品质的实力；以“现代设计”作为解决产品的外观形态、人性化功能与品牌形象的另一强大实力。如果说以“科学技术”为基础的自主创新是中国产业转型的第一个发动机，那么，以艺术与文化为依托的“现代设计”就是第二个发动机。

与此同时，中国设计产业的发展和整个产业转型正处在关键时刻，我们应抓住时机，快速提升中央美院的设计创新实力，发挥其悠久的文化传统和强大的艺术创造能力，形成在设计产业方面的强大功能。也就是说，设计专业培养的学生和今后的设计师们，在中国产业转型中还肩负着重要的历史使命。本套丛书所涉及的整个项目经验及成果形成一套非常全面的教学实例，不仅使我们的日常教研受益匪浅，而且对于业内人士的启发、相关重大活动的参考以及设计产业的发展等均具有重要意义。

希望我们继往开来，续写奥运辉煌，再创中国设计新纪录。

潘公凯

2012年9月21日

奥运期间的北京奥运大厦。

已褪色的景观，难以忘却的经历

——北京 2008 年奥运会设计的挑战与理念

王敏
中央美术学院设计学院 院长
中央美术学院奥运艺术研究中心 主任

常经过当年北京奥组委在北四环辅路上的建筑（左图），大楼墙上至今仍然留着 2008 奥运会的形象，正面是奥运会徽，东西两面墙上是作为奥运景观的“祥云”彩带。几年的时间过去，日晒雨淋，彩带褪色，失却了当年的光彩，“Beijing 2008”的大字也几近消失，每次看到时不免会有几分伤感。四年前，这里是奥运的指挥中心，是一个令人激动的场所，墙上的景观彩带是设计师们几年设计与研究的成果，并由中央美院的设计师胡小妹等人完成。现在景观色彩褪色，可记忆犹存，尽管四年过去了，那激动人心的一段时光仍然十分清晰，参与奥运设计七年，经历了无数的不眠之夜，无数的会议、大量的比稿，那既是令人激动的时期，也是参与设计人员的一段痛苦旅程，今天回顾仍然历历在目。中央美术学院奥运艺术研究中心众多的老师、同学为了那场盛会献出了太多的心血、智慧、激情、辛劳与奋斗，这段经历难以忘却，记忆永远不会褪色。

今年那座建筑上褪色的“祥云”彩带突然焕然一新，又恢复了当年的色彩，也许是因为今年是奥运年，伦敦在举办奥运，也许是因为大楼的新主人与我们一样，仍有强烈的奥运情结。一段逝去的时光是如此显耀，如此光彩，如此动人，褪色是让人难以接受的事实，所以大楼的业主不惜重金重塑当年景观，尽管这几乎带有几分荒谬的色彩，却有着北京人能够理解的理由。以同样的心态，但以更多的理由、更迫切的愿望，我们在四年之后将中央美术学院奥运艺术研究中心的作品重新呈现在这套系列出版物中。这套丛书共四册，分别是：凤与火——北京 2008 年奥林匹克运动会火炬接力形象景观设计，玉与礼——北京 2008 年奥林匹克运动会奖牌设计，云与气——北京 2008 年奥林匹克运动会核心图形及形象景观系统设计，形与意——北京 2008 年奥林匹克运动会体育图标 / 指示系统设计。在这套丛书中，我们选择了最有代表性的四项奥运设计，将设计的过程、理念、原始材料呈现给读者。
奥运中心的同仁们在完成这套丛书的过程中少不了痛苦的回味，也少不了些许自满。与奥运大楼上的景观翻新不同的是，我们出这套丛书不仅仅是重现当年的色彩，不仅仅是为了怀旧的目的，更多的是随着时间的流淌，今天的我们整理当年的工作时，更为理性、更为成熟，编辑过程中有激情后的深思，有荣光后的反省，也有更为宏观的审视。其中涉及的设计理念，中国设计师对中国设计风格的追求、设计方法、设计管理的方法、设计决策的产生过程、决策机制、政府的参与等问题恰好是当今中国设计师、设计界关注的话题，既有奥运的意义，也有奥运之外更为重要的价值，我们绝不是仅仅为了怀旧的目的来出这套丛书。

历届奥运设计被誉为世界最大的设计项目，其重要程度，涉及的人员之多，机构之多，受众人数之多以及项目的繁杂程度是其他设计项目无法比拟的。作为中国的第一次，我们有义务对我们所参与的部分进行总结、整理，将这些史料保存下来。其一，对于国际奥林匹克运动，知识经验的传承是国际奥委会管理上的一大特色，每届奥运会都要将其经验传给后面的主办城市，以期让知识与经验得以传承，不断提高办会水平。回顾奥运历史，我们可以清楚地看到知识传承带来的好处。其二，作为中国设计史上一件重要事件，我们应该有很详尽的记录，以备后人研究这段设计史时作参考。设计学科在中国近年来正面临着巨大的发展，在教育界已升格为一级学科，对设计重要活动的记载是一种责任。其三，对这个中国设计发展的里程碑般的事件进行学术梳理也是我们作为学术机构应尽的职责。其四，得益于中国建筑工业出版社从总编辑到编辑们的全力支持，我们今年放下很多手头的工作，集奥运中心核心团队之力，全力完成这套丛书的编辑与设计。我们力求忠实地记录这段历史，希望将中央美术学院所有参与奥运设计的人员都记录在这套书中，不漏掉一个人。我们也希望在这里公正地记录我们与其他机构合作的过程，感谢所有那些曾给予我们无私支持的机构与人员。我们知道，还会有很多遗漏与误记，有时记忆还是会褪色的，这也是急于出此套书的目的之一。

奥运形象与景观设计

国际奥林匹克运动有清晰的理念、卓越的品牌管理。作为构筑与宣传现代奥林匹克品牌的手段之一便是每届奥运会完美独特的奥运形象与景观。萨马兰奇曾说过：一所花费几千万盖起来的体育馆如果没有奥运景观，那它就不是奥运场馆。通过每届运动会独特但又集聚奥运理念的形象设计，通过奥运期间无处不在的奥运景观，奥林匹克理念在全世界得以传播。它超越国界，超越宗教，超越政治，将一种美好的精神与理念传递给几十亿人并深入人心，成为全世界最为成功的品牌之一。奥运会从来就不仅是竞技的平台，它在人类追求体能的完美与巅峰的同时，也是人类追求精神层面更高、更强的一次次展现，是文化的盛宴，是设计师的舞台。

北京奥运会从筹备开始，奥运形象一步步产生。首先是会徽，接下来是色彩系统、二级标志、单项体育图标、核心图形、奖牌。每次奥运形象与景观元素的完成和推出都伴随大量媒体宣传，不断地唤起百姓的奥运热情，烘托奥运气氛。北京奥运会期间，有着自己独特面貌的北京奥运形象景观无处不在！它伴随着运动员创造奇迹的时刻，将北京奥运的独特风采、奥运的理念展现给全世界，通过对形象元素的设计、开发和一体化的应用管理，创造出了北京 2008 年奥运会独特、完整而又具有一致性的视觉形象，塑造了一个充满奥运精神与色彩，令人激动的比赛环境。奥运形象也出现在机场、街道、宾馆，出现在电视、宣传材料以及大量的特许产品上，它通过诸多途径展示在全世界几十亿观众面前。奥运形象景观设计在展示自己独特形象的同时又达到设计的功能需求，为运动员与观众营造了完美的奥运体验。北京奥运形象与景观设计向世界展示了中国的文化传统、新的城市形象和人文精神，“祥云”、“篆书之美”体育图标、“金镶玉”奖牌等形象延续中国文化精神，将北京固有的传统文化优势弘扬光大，同时又富于现代色彩，将活力、动感、前卫与千年古城形象以及中国传统文化联系起来，赋予北京以新的文化符号与时代精神，体现了中国传统美学的精华与神韵，是中国文化、理念与奥林匹克精神的完美结合。

2003 年年底，我曾去雅典学习 2004 年奥运形象设计与管理的情况，回来后曾表示过自己的担忧：离开雅典前夜，雅典奥运会形象设计总监西奥多拉·玛莎里斯（Theodora Mantzaris）对我很有感触地谈了一番话，她谦虚地说：“我们无法与你们相比，北京有更大的平台去展示你们的创造力。”是的，与雅典相比，北京是一个更大的舞台，人多、钱也多，又有一个拥有 13 亿人口的国家作后盾，我们中国人对在本土举办奥运的向往与激情，也许比希腊人还要来得强烈，这从我们的会徽发布仪式的壮观，以及举国民众对此的关注热情中就可以看出来。但是，如果在今后几年里，我们不能给国人的殷殷期盼以满意答卷，也没能确立起一个明确、清晰，既富有民族特色和中国传统文化深厚底蕴，又极具现代魅力和国际化风采，既为国人所广泛认同，又为世界所普遍接受的奥运形象，以及仍没能建立起一套完整有效的形象设计管理系统，没能形成一个为同一目标而精诚合作的优秀设计团队的话，那么不仅是我们这些承担了奥运形象设计任务的设计师会愧对全国人民，作为 2008 奥运主办地的中国首都北京也就不能实现其为世界、为我们的后代奉献和留下一份独特的奥林匹克形象的夙愿。

当初的担忧不无道理，尽管进入 21 世纪，但中国设计界还处于不成熟期，相关的决策机制尚可能有需不断完善之处。一个理想的奥运形象与景观应该建立在一个清晰的理念下，“同

一个世界 同一个梦想"，还要同一个理念，同一个声音，同一个形象，这样才会有和谐统一的传播形象。奥运形象与景观包括会徽、形象指南、主题口号、色彩系统、二级标志、单项体育图标、核心图形、奖牌、火炬、制服、竞赛场馆景观、非竞赛场馆景观、电视转播、网站、出版物等，有着许多方方面面的东西，要求完全的统一、协调，不光设计，设计决策、设计管理也十分重要！这是一个复杂的系统工程。筹备奥运初期，我们从很多方面还不具备将这样一个复杂的设计工程做到国际水准的条件，仅设计决策过程就是一个大问题，体制的限制，对设计认识的缺乏，对设计师的不尊重等问题是实现一个国际水准的设计系统工程的很大障碍。

北京 2008 年奥运会带给中国设计师的挑战与机会

2001 年，北京赢得了举办第 29 届奥林匹克运动会的机会，全北京陷入狂欢之中。取得奥运会的主办权对 13 亿中国人来说具有特殊的意义，它不仅是举办一场国际体育盛会的机会，也是一个民族崛起后的亮相，更是中国重新打造自己国家品牌的机会，让被曲解的中国重新被世界认识。有这样的心态与诉求，不难理解中国政府、民众与设计师当年对奥运的投入与热情。

古希腊奥林匹克是为了显现人类的美、自然的美、力量的美。现代奥林匹克也同样是人类美的彰显，历届奥运会都是艺术家、设计师发挥艺术才能的机会。奥运会是中国设计师走向世界的一个好的机会！1964 年东京奥运会使日本设计为全世界关注，1988 年首尔奥运会让韩国设计师增添了很多自信心，2008 年北京奥运会应该是中国设计师向国际设计界推介自己的机会。奥运会让中国人提升民族自尊心、自信心，也让中国设计师增加自信心，而自信心是创造力，是中国设计走出自己道路、自己个性的必要条件。中国的设计从 20 世纪 80 年代起开始飞速发展，经历了迷乱、模仿、无序、不自信到大发展、自觉、自信的过程，对中国设计而言，奥运会是一个契机，是一个舞台，是一次让中国设计呈现一个新面貌的机会。

1964 年东京奥运会海报。

北京 2008 年奥运设计与随之带来的机遇是国内设计师十分关注的，它涉及的中国设计本土特性、民族性与国际性的思考，也是当时中国设计界十分关心的议题。奥运是一项国际体育盛事，也是一场文化盛典，是奥运会举办城市、举办国家彰显自己独特文化、历史的难得机会。从我们参与奥运设计之始，就有一个很明确的目标：将中国理念与奥林匹克精神完美结合；将中国传统文化与现代审美完美结合；创造出独特的具有中国色彩和中国风格的设计；用我们的设计激励运动员；通过我们的设计让奥运观众留下难忘的奥运经历；让我们的设计成为奥运遗产。我们一直坚守这样的设计理念：北京 2008 年奥运会的形象设计应该是具有浓郁中国气质、中国精神、中国风格，同时又是具有时代感的、当下的设计。我们是在为一场国际体育运动会做设计，在弘扬中华文明的同时，我们也不能仅仅把奥运会做成中华文明展，我们的设计要让来北京奥运现场的观众，以及电视前的 40 亿观众共同有一个美好的奥运体验，这就要求我们的设计用国际通用语言叙说中国故事，在讲述中国故事的同时体现奥林匹克精神，实现设计功能的需求。

1988 年首尔奥运会海报。

要做到这些，需要在长达 5 年的漫长奥运设计过程中，自始至终有一个清晰的目标与明确的方向，时时把握尺度，平衡传统与现代、中国与世界、体育与艺术、功能与审美、梦想与现实，现有的决策机制与艺术家自由精神等之间的关系与尺度。在几年为奥运设计的过程中，我不断向自己、向我们的团队成员提出这些问题：如何将奥运精神与中国理念相结合？如何连接传统与现代？如何创造出独特的中国色彩与形式？如何去感动成千上万的人心？如何带给运动员与观众美好的体验？几年的奥运设计过程是不断提醒、反省、提高的过程。今天回想起来，尽管整体奥运设计上还有些遗憾，我们还可以做得更好、更精、更到位，但是有一点我们应该满意，即北京 2008 年奥运设计实现了将奥运精神与中国理念相结合的诉求，连接了传统与现代，展现了独特的中国色彩与形式，比如奖牌与单项体育标识。这在国际上是大家公认的，在多次国际设计会议上都听到同行们的赞赏。2010 年美国《纽约时报》的网站上发布了著名设计评论家斯蒂夫 · 赫勒的关于奥运单项体育标识的节目，其中提到北京的体育图标具有独特的文化特色，是出色的设计。

北京申奥多媒体陈述报告部分截图。

中央美术学院奥运艺术研究中心

北京奥运形象景观规模之大，涉及范围之广，涉及人员之多，操作时间之长，应该说这是在中国前所未有的一项形象与景观设计工程。从 2003 年起，中央美术学院设计学院大批的教师与学生有幸参与了这项工作，也为此付出了大量的心血，所取得的成就是历史性的。我们有可能做到这一点，与我们有一个参与奥运的平台——中央美术学院奥运艺术研究中心，有一个将教学与社会设计实践结合的机制有很大关系。

2001 年，我受邀回国为北京奥申委设计多媒体申奥陈述报告。作为一个熟悉东西方设计语言，有着二十年在欧美的学习、教学与工作的经历，特别是具有在跨文化领域信息传达设计经验的设计师，十分适合也有幸能为北京做申请奥运的形象设计，做 2001 年 7 月 13 日北京奥申委在莫斯科国际奥委会全会上的申奥多媒体陈述报告的设计。参与申奥的工作让我重新认识我离开二十年的中国，我很想借参与奥运设计的机会来为中国设计教育、为中国设计崛起做点事，尤其是不想错过参与奥运设计这个难得的机会，所以申奥设计过程中曾向刘淇书记与刘敬民副市长许诺：申奥成功后回国参加奥运设计。2003 年回国后即开始任教于刚成立的中央美院设计学院并任院长。其时中国设计教育正在大发展的重要时期，为了能够在推动设计教育发展的同时做奥运设计，我在中央美院领导与北京奥组委的支持下，成立了奥运艺术设计研究中心，当时潘公凯院长、杨力书记、谭平副院长等领导都亲自参与了筹备工作。由中央美院这所中国最高艺术学府成立机构为北京奥运会的设计作研究并提供服务对北京奥运是件很好的事情，但筹备与成立还是经历了巨大的困难，特别是为了得到北京奥组委与国际奥委会的批准并非易事，这之前世界上只有几个与奥运相关的研究机构，以形象与景观设计为主的还没有。记得就在我们正式成立的前几天，中央美院的杨力书记还半夜三更帮助我去说服时任奥组委秘书长的王伟，第二天早晨又去找刘敬民与蒋晓愚副主席做工作，之后是王伟秘书长召开了包括法律部、市场部、文化宣传部在内的奥组委各部门领导的办公会，当场打电话去国际奥委会请示并得到批准。

研究中心自 2004 年 1 月成立之后，先后完成了奥运会体育图标、“金镶玉”奖牌、火炬接力景观、奥运景观等大量的设计，中心也先后完成了北京 2008 年奥运会几乎所有形象与景观相关的标准制定与指南的设计。这是奥运历史上首次由学校老师、学生参与完成如此重要的设计，奥运形象与景观设计被称为世界最大的设计项目，从来都是由国际知名大设计公司完成的，我们能够做到这些有几点是关键：1. 奥运设计是专业性很强，要求特殊的复杂工程，它要求设计师不仅有很好的设计能力，还要有对奥运理念的深刻理解，有对往届奥运会的研究，有对体育竞赛的知识。开始时我们的学生和老师并不具备这些，所以在参与奥运设计的初期让学生与老师花费很多时间研究奥运形象与景观，了解奥运理念，我为此还去了雅典取经，现场详细了解形象与景观的设计过程、制作过程、管理过程，回来后为大家作了详细介绍，后面我们能够在一次次的奥运设计竞标中胜出与此有很大关系，因为前期我们作了充分的准备，所以在设计中可以正确把握尺度，正确建立设计的目标与方向。2. 学生可以有很好的创意，有新鲜的想法，但学生参与这种历时很长的项目有困难，他们不能一直在团队内，他们有课程要上，他们几年就要毕业离开学校，但奥运设计需要十分专业的成果，也需要专业的经验，我们奥运中心配备长期工作的设计师，他们是研究生或已毕业的学生，他们的参与确保了设计的专业性。3. 学校的首要任务是教学，是培养学生，参与奥运不能妨碍教学，相反应该变成对教学有帮助的社会设计实践，这样我们才会在 5 年的时间内不间断地参与奥运设计，同时提高了我们的教学与研究水准。今天，当我们重新回顾奥运设计的历程，十分欣慰的是，我们不仅圆满完成了这项重要的设计任务，还培养了一批优秀的设计人才。这次主要参与编写、设计这套丛书的几位奥运中心的核心团队人员——陈慰平、王捷、胡小妹、王雪皎，开始参与设计奥运项目时都还是学生，今天陈慰平、王捷已经是中央美院的教师，胡小妹是在读博士生，王雪皎目前在北京一所大学任教，他们都已成为优秀人才！其他很多参与奥运设计的美院毕业生正在将他们参与奥运设计所得到的经验运用到设计实践中，并且卓有成效！特别需要一提的是，北京奥运会结束后，在奥组委工作的胡小妹收集、整理了大量景观文件，这些各个时期的基础资料与往来信函，成为我们在本套丛书中回想、梳理、研究整个北京奥运形象设计系统与实施框架的重要基础。

中央美術學院 | 奥运艺术研究中心
China Central Academy of Fine Arts | Art Research Centre For Olympic Games

2004 年 1 月 6 日，奥运艺术研究中心成立现场。

奥运艺术研究中心先后有多人参与管理工作，成立初期是由我做主任，宋协伟、许平、马刚、黄克俭、王子源等人做过副主任。宋协伟在早期的项目中做了大量工作，从艺术指导到组织工作发挥了很大作用，后来因为出国学习不能继续参与中心工作。宋协伟出国后，王子源在很长一段时间内担任副主任，主持日常工作，为中心的建设作了很多前期铺垫，直到杭海 2006 年接任。杭海担任副主任，后为常务副主任至今，多年来为中心工作贡献很大，这是大家有目共睹的。2003 年的夏天，奥运中心成立之前，为了开始奥运的设计工作，谭平院长建议让林存真来辅助我做奥运项目，所以林存真是中央美院最早开始介入奥运设计项目的老师，后来她又去奥组委工作，为奥运设计工作长期奉献，做了大量工作。2003 年的夏天，宋协伟、刘治治、何君、广煜最早介入做奥运会徽使用指南，后来晋华、许平等人陆续参与。中央美院前后有很多人参与这项工作，很多人多年来为奥运、为中心默默地奉献，不是为了报酬，不是为了荣誉，这是另一种奥运精神！希望在这套丛书里，我们起码能将这些人的奉献留下记载。多年来，中心也得到中央美院各方的支持，他们为我们顺利完成这么多设计项目护航，包括几位院领导大力支持，当时的范迪安院长还亲自出面为我们的色彩项目向奥组委作陈述报告。中心也为北京奥组委输送了人才，多人去奥组委工作，林存真担任了形象景观设计处副处长，陈慰平参与了火炬接力景观工作，胡小妹、高鹏和段雅婷在形象景观设计处，我担任了形象与景观艺术总监。中心也承担了其他许多重要设计项目，2011 年深圳世界大学生运动会的形象与景观工作便是由中心来完成的，运用奥运的设计经验，我们为大学生运动会设计了与北京奥运风格极为不同的形象，突出了青春活力，展现了一个南方崭新大都市不同的精彩。

在研究中心几年的工作中，特别值得提到的是中央美院谭平副院长不仅一直大力支持、参与我们中心的工作，他本人也参与了大量奥运的工作，从早期作为会徽的评委到后来多次参与奥组委的设计评审工作，以及参与了很多中央美院奥运项目的指导，像对中央美院团队奖牌设计与火炬设计的指导与参与。我们的“金镶玉”奖牌方案被采纳，人们很熟悉，火炬方案没有被应用，但作为设计方案，我们一直引以为豪，进入终评，排在第二位的中央美院基于中国古代乐器的设计既具有十分民族味、敦厚圆润的造型，又具有极好的功能性，文化内涵与实用性完美地结合在一起。谭平副院长的参与与指导对于奥运艺术研究中心的工作起到了很大的促进作用。

这里摘取一段有关奥运中心的简介：“中央美术学院奥运艺术研究中心是唯一经北京奥组委同意、由中央美术学院设立的一个旨在创造北京奥运良好艺术与人文环境的艺术与设计学术

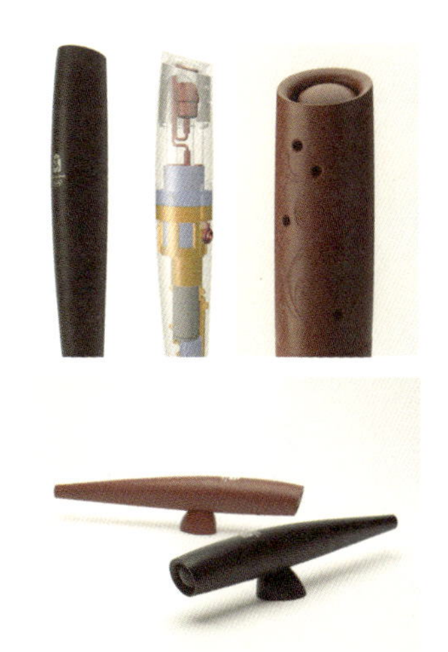

中央美院的火炬设计方案。

研究、创作及咨询服务机构，也是全国唯一的奥运艺术研究与发展中心，于2004年1月6日在中央美术学院成立。中心主任为王敏，杭海为常任副主任。中心的服务口号是'为北京奥运'积极配合第29届奥林匹克运动会的筹备工作，从事与奥林匹克运动及第29届奥林匹克运动会有关的视觉形象系统相关设计的研究及开发，开展奥林匹克理念与形象常识的普及宣传，配合奥组委完成各项形象系统的设计、管理及质量监控工作，定期举办奥运与人文艺术、奥运形象与景观等专题的研讨、展览等普及宣传活动，并将奥运艺术与设计项目融入中央美术学院的教学与科研内容中，积极探索艺术与设计教学和科研与北京奥运融合的各种方式与可能。中心已经顺利完成多项奥运设计项目，如奥运会/残奥会奖牌设计、奥运会/残奥会体育图标设计、奥运会色彩系统设计、奥运会核心图形设计、奥运会形象景观KOP系统设计、奥运会火炬传递核心图形设计、奥运会/残奥会火炬传递形象景观系统设计、奥运会/残奥会门票设计、奥运会注册卡设计、奥运会导示系统设计、奥运会/残奥会官方海报设计等。中心在北京奥运会结束后继续进行与奥运会相关的学术研究工作，并有针对性地对国内外大型活动项目进行规划、开发、研究、设计等工作。"

中央美术学院奥运设计团队是一个让我为之骄傲的团队，奥运艺术中心集聚了我们的资深教授与老师，又有一批极为优秀的学生，这是一个国际水准的团队。国际设计师协会联盟（ICOGRADA）副主席大卫·伯曼（David Berman）在看了中央美院师生的奥运作品之后激动地说："2008北京奥运会的视觉传达设计由北京中央美术学院的一组设计学生和老师来完成。我很幸运受邀观看了其中的一些设计，这些作品完全让我以为是在洛杉矶的一家顶级设计事务所完成的，产品和过程都是如此。世界上最广为人知的标识掌握在一群卓越人士的手上，于是我开始集中思考他们的教育体系的优点。"

王敏

2012年9月

北京 2008 年奥运会设计评述

布拉德·科普兰

国际奥委会形象景观顾问

我有幸在 2008 北京奥运会会徽发布后不久认识了王敏。很快，我们开始了一段长达五年的合作，这让我有机会与中央美术学院的设计团队及其中很多有天赋的学生一起密切合作。对于王敏的设计才干，我是知道的，但实话实说，当我听说一所设计学院将会承担起设计世界上规模最大、曝光度最高的设计挑战——奥运会的形象设计时，我是很担心的。与从未接触过系统设计思维的年轻设计师一起工作，而工作内容则是在各式各样的运用中表达一个贯通的主题，这似乎不太可能取得成功。但最后不但证明我错了，而且我还为最终的作品所打动。中央美术学院团队所表现出的天分、干劲和毅力完全可以与我所合作过的最优秀团队相比肩。我用几个标准来衡量奥运设计。它有没有解决问题？它是否具有弹性，能够在各种应用和媒介中应付自如吗？它是否有文化内涵？它是否适用于奥运会？最后，它能否达到增强转播的效果？祥云是北京奥运的核心图形，它是所有奥运场馆应用的基础，从祥云的设计开始，王敏的团队创建了一个涵盖很多且最重要的奥运设计元素的设计系统。依我看来，北京 2008 年奥运会体育图标设计是迄今最好的设计之一，它以现代、简洁的形式捕捉到一种中国传统的艺术形式，既能大幅面出现在多数设计应用中，也能小幅面使用，用于功能性设计之中如日程表和导视系统等。

衡量奥运设计的另一个途径是原创性，即这个设计是否是奥运会首次使用。北京 2008 年奥运会奖牌显然达到了这种状态，而这是非常不容易的。国际奥委会（IOC）对奖牌的设计参数有相当严苛的要求，奥运奖牌的正面每届都必须保持一致，所以能够让设计者发挥创意之处只有在背面。中央美术学院的团队并未将此当作一种限制，而是看作一种机遇。他们将一片玉环嵌在每块奖牌的背面，这是奥运奖牌上第一次使用两种材料的设计，不仅独一无二，而且在文化上也是有渊源的，这是真正的奥运会首创。

奥林匹克海报一直备受国际奥委会的重视，它们也是最重要的奥林匹克收藏品之一。由中央美术学院团队所设计的北京 2008 年奥运会的海报在过去十年间所出现的最优秀体育海报中占有无可争辩的一席。

当我在 2003 年展开与北京奥组委合作的个人历程之时，如何创建一个代表“新中国”的形象是每个人都在首先思考的问题。中国的历史源远流长，应该用什么样的概念，它应该以何种视觉效果呈现？它能否避免陈词滥调？它如何与奥林匹克运动的价值与理想相关联？最终，这届奥运会的主题定为“同一个世界 同一个梦想”，它引领了“祥云”图形的产生，捕捉住了奥林匹克运动与中国人民所共有的价值观。通过多维色彩的表达，这种来源于中国的丰富遗产，以现代的流动色彩渐变呈现，奥运会形象景观改变了这座城市，向中国和世界传达了一幅清晰的图景，一幅关于中国设计的力量和未来的图景。

布拉德·科普兰（Brad Copeland）

2012 年 9 月

北京 2008 年奥运会设计评述

北京 2008 年奥运会的设计为奥林匹克运动提供了一个价值非凡的设计遗产。其卓越之处不仅在于强大的战略基础和出色的创意，更在于它既完美呈现了奥林匹克的固有理想，又向世界成功传达了“中国欢迎您”的信息。

北京奥运会的会徽是一个中国印，以一个汉字的形式表现一名运动员。它讲的是一种非常国际化的语言，这种语言，来自全世界的人们都能理解和领会。

“祥云”这种视觉元素是所有视觉应用的醒目背景。它充满视觉能量与和谐，诗意与宁静地表达在各个场馆，营造出一个典雅、独特、智慧的节日氛围，它是对运动员们的真正激励。

体育图标是奥运会最为重要的设计应用之一。为北京 2008 年奥运会所设计的体育图标是现代奥运会最好的设计之一，其灵感源自中国不同地区发现的岩洞雕刻。黑白的设计诠释了体育图标的原始含义，又表现出雕刻拓印在纸上的样子。它们有渊源，充满文化意蕴和审美平衡，同时高度功能化。这是一套强烈的、视觉平衡的、永远不会过时的体育图标，在未来若干年内都将是被学习的样本。

北京 2008 年奥运会体育海报是一套具有突破性创意的设计佳作。它使用了体育图标和动态的运动员形象，沿用体育图标拓片的形式，以黑白画面表达。北京再一次将海报制作的艺术提升到一个新高度，提供了一套精彩的、足以创造奥运会设计历史的、独一无二的体育海报。

奖牌设计的开创性概念是将玉这种原产于中国的石头镶嵌在奖牌中。玉给奖牌带来一种特殊的品质，在奥运运动员的家乡以及在洛桑奥林匹克博物馆的奖牌收藏中，这套奖牌都是极具价值的中国文化大使。

为奥运会创建并实施一套形象是一项困难重重的艰巨任务，但在王敏这位极具创造性的专业人士的领导下，整个项目的实施和完成都是世界级的。

北京 2008 年奥运会的设计具有一种强烈的视觉特征，文化意蕴无处不在。每一种应用的背后都可以找到一个出自中国历史的传奇故事，以此而言，这一作品在整体上堪称奥运设计家族中的一个杰作。

西奥多拉 · 玛莎里斯
雅典奥运形象景观设计创意总监
北京奥组委品牌顾问（2004-2008）

西奥多拉 · 玛莎里斯（Theodora Mantzaris）
2012 年 9 月 14 日

目 录

Contents

◎ "Look" 为奥林匹克品牌视觉系统专用名词。

云字会意，从雨，从云。在农耕社会的古代中国，看云识天气是与家国天下息息相关的头等大事，云兴雨降，才有五谷丰登，瓜瓞绵绵，子孙万代。

云由气生，随风而动，融顺万物，变化万千。天有不测风云，人有旦夕祸福，从最私密的个人生活的隐喻，到重大社会事件的象征，云一直是中国人实际生活与理想世界中极为重要的象征图像。

云与气——北京 2008 年奥运会核心图形设计与奥运形象景观系统综述

从“中国图”到“祥云”

2005 年，在王敏院长的领导下，中央美术学院设计学院成立奥运设计团队，开始参与北京奥运核心图形的设计竞赛。在众多方案中，王子源老师设计的“中国图”是其中最具竞争力的方案。该方案使用楷体“永”字与七巧板叠加，楷体“永”字的书法笔触与七巧板的直线分割，给人既古典又现代的视觉感受。在运用过程中，七巧板的色彩与肌理变化又丰富了图形的表现力与适应性。在所有奥运核心图形方案中，“中国图”卓越的视觉质量毋庸置疑，但在最终的审核中，该方案被否决。2005 年 7 月，北京奥组委组织成立中央美术学院、清华大学美术学院奥运核心图形联合创作小组，在京郊进行为期一个多月的封闭创作。其间，清华大学美术学院副院长何洁教授提交“祥云”核心图形方案，该方案用中国传统祥云、绶带组成圆形图案，以契合“同一个世界 同一个梦想”的北京 2008 年奥运会理念，该方案命名为“祥云”。此方案得到北京奥组委的认可，之后，“祥云”图形经过常沙娜教授及杭海副教授的修改，确定最终造型。

“中国图”核心图形

“祥云”核心图形

2005 年 8 月，“祥云”方案经北京奥组委执行委员会批准，被确定为北京 2008 年奥运会核心图形的最终方案。央美、清华联合创作小组随即开始了“祥云”核心图形的细化与规范开发工作。2006 年 2 月，中央美院奥运艺术研究中心独自承担起“祥云”核心图形的修改、色彩运用以及图形切割运用等工作。为了将“三维色彩”的概念付诸实践，我们在处理“祥云”核心图形色彩时采取了透叠与渐变的方法。“祥云”图形采用前、后两层透叠的手法，“祥云”色彩采用渐变手法。2006 年 2 月又加入丝绸肌理，以增强图形的质感。2006 年 7 月，在国际奥委会形象景观顾问布拉德·科普兰（Brad Copeland）的坚持下，“祥云”核心图形又从单色渐变进化成双色渐变。要说明北京 2008 年奥运核心图形色彩系统的复杂性，有必要与往届奥运核心图形色彩及其运用进行一个简单比较。

雅典 2004 年奥运会核心图形“Panorama”是一个全色图形，以黄蓝为主色调，集中了雅典奥运色彩系统中的所有典型色彩，所有图形的运用切割都源自这一个全色图形；而都灵 2006 年冬奥会核心图形“Piazza”也是全色图形，运用时根据需要分成冷、暖两种色系（分别以“day”和“night”命名）切割，但同样是在一个全色图形上切割。所以在切割不同比例图形单元时，雅典与都灵均只需切割一个全色图形即可满足全部运用需求，易操作、易管理。而北京的“祥云”核心图形最初也曾试图制作一个全色图形，但由于“祥云”有明确的图形特征，很难切割到色彩与图形都符合要求的局部图形，于是图形采用单色方式，单色系统分为五种，分别是红、黄、蓝、绿、灰，运用时需要切割五种单色图形。无论是切割不同比例的图形单元，还是将五种单色图形进行组合运用都相对复杂。2006 年 7 月，布拉德·科普兰在京指导“祥云”核心图形设计工作期间，坚持要加入双色系统，建立以双色渐变图形为主、单色图形为辅的核心图形系统。

以下是“祥云”核心图形的色彩构成体系：

1. 单色系统图形五种：

中国红；琉璃黄；青花蓝；国槐绿；长城灰。

2. 双色渐变系统图形六种：

红－黄；黄－红；蓝－绿；绿－蓝；黄－绿；绿－黄（最后实施时，北京奥组委内部设计团队将其进一步发展成为三色渐变的“五彩双色渐变炫色系统”）。

3. 图形常见切割比例为 15 种：

图1

图2

上图：雅典2004年奥运会核心图形“Panorama”（图1）；都灵2006年冬奥会核心图形“Piazza”（图2）。

◎雅典奥运会真正将视觉图形定位为辅助图形（Secondary Graphic），名称为“大全景”（Panorama Graphic），它的视觉元素以希腊古老文明与自然风光为灵感来源，将记载奥运会的希腊文字和陶瓶上的图案与希腊自然风光中的海洋、太阳、波浪等元素组合在一起，展现希腊的历史文化。海水、麦田、古文字、大理石这些基本元素组成的辅助图形带来动人的奥运景观形象。雅典奥运会辅助图形创意的突出特点，是第一次使用图形切割的方法体现全景，这种图形切割的方法使辅助图形在应用上变得更为灵活和多变。由于辅助图形是由抽象的视觉元素和具有强烈代表性的色彩系统组合而成，这使得雅典奥运的设计理念“遗产、人本、参与、庆典”自然地绽放出来。

◎都灵2006年冬奥会核心图形的概念来源于“Piazza”（广场），以意大利特有的拱门造型为视觉元素，采用多色透叠的方式，形成丰富的视觉效果。对于创作一个在赛时记忆深刻的形象景观，文化的相关性是关键。以廊柱为元素的核心图形第一次创造出了不同于以往的赛事景观，立体多层次的图形结合现代风格的奥林匹克运动会体育图标，在维度与动感上都明显区别于往届的奥运会。“激情所在”的运动主题加深了图形陈述的另一层维度，传达出主办国意大利精神的精髓。

1:1；1:2；1:4；1:6；1:8；2:3；2:5；2:7；3:5；3:7；4:3；4:7；4:9；7:6；16:10。
4. 每种切割比例的图形样式为 2 ~ 4 种。将这些单元按各种需求排列组合，并与会徽、口号、体育图标、吉祥物等元素相关联，将是一个惊人的复杂数列。
另一方面，由于双色系统的引入，在红到黄、蓝到绿、绿到黄的渐变过程中，由于图形多层透叠、附加丝绸肌理层，要想在基础色彩调性与明度反差之间保持平衡，几乎是一个难以完成的工作。经过长达数月的反复调试之后，最终的“祥云”核心图形色彩基本实现了我们对色彩质量的追求，但色彩反差弱及图形识别度低的问题并没有解决。

双色系统核心图形

奥运核心图形最主要的运用介质，不是平面设计师经常面对的 A4 大小的纸面，而是户外大型广告、旗帜、围栏以及动态显示的电视屏幕等介质。这些介质有一个共同特点，就是无法再现纸面上微妙的色彩变化，特别是大尺度的户外喷绘介质，它们本来就是用于远距离观看的，在光线多变的户外环境中，只有体现出鲜明的色彩关系及清晰明了的图形层次，才能让行人在瞬间看到、记住我们试图传递出去的图像信息。微妙的色彩在巨大的户外喷绘基材上非但没法实现，反而会将画面印糊、印脏，而在电视屏幕上更会变成不可名状、看不清楚的一团，所以北京奥组委文化活动部多次要求中央美院设计团队增大核心图形的色彩反差，将双色系统图形矢量化。
2007 年 3 月，我们将最终完成的核心图形文件及 KOP（Kit of Parts）工具包移交给北京奥组委文化活动部的内部设计团队，奥组委决定全面调整“祥云”核心图形色彩。这个主要由清华大学美术学院师生组成的内部设计团队负责，具体操作是首先将双色核心图形中的肌理层去掉，简化核心图形的色彩层次并矢量化图形，恢复了核心图形创作初期的色彩调性：明亮、鲜艳、简单。将双色渐变扩展到三色渐变，生成“五彩双色渐变炫色系统”以强化色彩渐变的纯度，“祥云”图形反差的问题因此得到彻底解决。无论是在户外还是透过电视屏幕，人们都能清晰地识别出各种色彩的“祥云”核心图形。在奥运这样一个规模盛大的大众传播平台上，北京奥组委选择了简单通俗的色彩、清晰明了的“祥云”作为核心图形。

“五彩双色渐变炫色系统”核心图形

核心图形“祥云”的运用，让云成为绝大多数人对北京奥运会最深刻的视觉印象与文化记忆。云字会意，从雨，从云。在农耕社会的古代中国，看云识天气是与家国天下苍生息息相关的头等大事，云兴雨降，才有五谷丰登，瓜瓞绵绵，子孙万代。云由气生，随风而动，融顺万物，变化万千，从最私密的个人生活的隐喻，到重大社会事件的象征，云一直是中国人实际生活与理想世界中极为重要的象征图像。在智者的眼里，云意味着一切变数与可能，云的些微变化中隐含着重大的征兆与趋势，因而智者乐观其变。这也许可以部分地揭示为何“祥云”如此深受国人喜爱的原因以及北京奥组委最终选择“祥云”的理由。
核心图形是连接其他奥运形象元素的纽带，“祥云”核心图形及其运用方式的确认是北京奥运整体形象景观系统设计的开始，中央美院设计团队之后陆续完成了北京奥运形象景观工具包 KOP 的设计，为最终的北京奥运形象景观的设计实施奠定了基础。需要特别指出的是，奥运形象景观系统的设计规则与 TOP（The Olympic Partners）赞助计划息息相关。要理解北京奥运形象景观系统设计的理念与方法，需要先了解奥林匹克品牌形象系统与奥运商业运作之间的互动关系。

TOP 赞助计划与奥林匹克品牌形象系统

1980 年 7 月，国际奥委会召开了第 83 届会议，年已 60 岁的西班牙人胡安 · 安东尼奥 · 萨马兰奇（Juan Antonio Samaranch）当选国际奥委会主席。在之后二十余年的时间里，萨马兰奇全身心致力于奥林匹克品牌拯救与复兴计划中，通过 TOP 赞助计划与电视转播策略，逐渐将奥运会从一个资金匮乏、濒临破产的业余赛事，打造成为全球规模最大、最具影响力

"Look of the Games"是奥林匹克品牌形象系统的专用名称，在这一系统下的主要视觉元素有：奥林匹克"五环"标志、举办城市会徽、体育图标、二级标志、核心图形、口号、吉祥物、色彩等。该系统以"五环"标志为核心，以核心图形为纽带，将奥林匹克形象与举办城市文化整合成一个统一的视觉系统，通过一系列的规范与媒介传播方式，将整个系统运用于奥运会及与奥运会相关的所有事务与环境之中。

的体育盛会。TOP 赞助计划是一个用奥运会特许权利来筹集资金的计划，这一计划将奥运会由依靠私人募捐及政府补贴等方式搭建的“少数富裕运动员的舞台”彻底专业化，也就是说，以商业的法则与方式经营奥林匹克品牌，从此，由英、美两国的年长官员们把持的国际奥委会的业余传统被打破并改变。

TOP（The Olympic Partners）赞助计划的构想简单来说就是：把所有市场营销权利捆绑在一起，包括夏季奥运会、冬季奥运会、国际奥委会，还有超过 160 个国家和地区的奥委会，由此形成一个单一的四年独家营销的一揽子方案，为商业公司介入全球奥运舞台提供一个“一站式购物”的便利条件。

这是一个能够最大限度保障赞助商产品或服务的排他性商业协议，同时又是一个史上从未有过的需要协调、平衡多个国家与地区体育组织的利益，搭建体育史上最复杂、最庞大的商业平台的艰巨任务。在经过长时间的艰苦努力之后，167 个国家和地区的奥委会中有 154 个国家和地区加入了 TOP 计划。这个一揽子商业营销计划从根本上改变了国际奥委会的财政状况，使其不必过于依赖其电视转播的收入，也从此改变了全球体育营销的理念与赞助模式。到 2008 年，奥运电视转播覆盖面达 220 个国家与地区，全球电视观众人数接近 40 亿。在萨马兰奇所发动的一系列奥林匹克拯救与复兴计划中，有一个名为“Look of the Games”的奥林匹克品牌形象计划，这一计划旨在利用以“五环”标志为核心的系列奥林匹克形象元素的整合与运用，通过强化奥运会独特而神圣的起源及普世价值观等来提升国际奥委会的品牌形象，这个计划的实施就是奥运形象景观应用系统（Look & Image）。

奥运会的品牌资产的核心元素表现在以下三个方面：

1. 古代奥林匹克的传统仪式（虽然在现实生活中已彻底消亡）。
2. 强烈醒目的视觉符号。
3. 奥林匹克精神的象征意义。

虽然奥运会品牌的本质是建立在赞助模式上的商业品牌，但当古代奥林匹克精神与现代体育相联系后，则赋予其一般商业品牌所没有的独特活力、激情与广泛的参与度；奥林匹克的传统、仪式、内涵及丰富的视觉呈现又让它比一般商业品牌具有更独特的道德涵义与精神象征。如果没有古希腊奥林匹克所特有的传统与内涵，那么奥运会就与其他商业赞助的运动会一样没有差别。人们最深刻的奥运记忆总是与以下仪式或场景相关：希腊古奥林匹克遗址上神秘的点火仪式，橄榄枝与女祭司；奥运圣火的全球传递，绵延数里、追随圣火的狂欢人群；奥运会开闭幕式上的运动员入场仪式、文艺表演，意想不到的点燃或熄灭圣火的方式；比赛过程中运动员挑战极限、彰显人类拼搏精神的画面；颁奖仪式上运动员的笑脸与泪水等。罗格说：“各种仪式是关键因素，那是运动员们所崇拜的东西。通过与他们的接触，我深切地感受到这一点。他们向往奥运村的氛围，即使是一流运动员也不会仅仅为了金钱来参赛，因为在职业领域中金钱唾手可得。目标、成就和仪式仍然吸引着人们。……各种仪式是体验奥林匹克的基础。” 而所有这一切与历史悠久的奥林匹克传统相关的仪式或氛围最终又与一整套强烈醒目的视觉符号相结合，从而形成统一的奥运会形象景观。这些视觉符号，在近一百多年的奥林匹克品牌历史中，逐步由单一的“五环”标志发展整合成为一个专业的奥林匹克品牌视觉系统，名为“Look of the Games”。“Look”是一个为奥林匹克品牌视觉系统专用的名词，在这一系统下的主要视觉元素有：奥林匹克“五环”标志、举办城市会徽、体育图标、二级标志、核心图形、口号、吉祥物、色彩等。该系统以“五环”标志为核心，以核心图形为纽带，将奥林匹克形象与举办城市文化整合成一个统一的视觉系统，通过一系列的规范与媒介传播方式，将整个系统运用于奥运会及与奥运会相关的所有事务与环境之中。其中，对于奥运举办城市而言，最重要的视觉元素是举办城市会徽，而对于国际奥委会来说，最为重要的视觉元素依然是皮埃尔·德·顾拜旦（Le Baron Pierre De Coubertin）于 1913 年创造的“五环”

1896 年雅典奥运会海报。

“Clean”是国际奥委会特别规定的场地清洁原则，这个原则就是确保所有奥运比赛在没有任何广告信息的竞技环境中举行，大到场地环境、旗帜、围栏，小到体育器械均需遵守这一原则。它让运动员与观众在奥运会所特有的与举办城市文化艺术相联系的视觉氛围中，全身心沉浸于体育比赛本身，享受由纯粹竞技运动所带来的愉悦与乐趣。这种非商业性的视觉、精神体验与随之而来的崇高、升华感受是奥林匹克品牌的体验核心与价值所在。

标志，“五环”是奥林匹克品牌的图形象征。

“Look of the Games”视觉系统的核心就是围绕着“五环”标志展开的，这一点是国际奥委会关注的焦点，但却往往被奥运举办城市忽略。任何一届奥运举办城市都会本能地认为举办城市的标志更重要，特别是在申奥成功之后。经过几年的预热，在临近开幕、形象景观的实施进入白热化的最后阶段里，举办城市中的所有人，无论是官员还是一般群众，都会认为举办城市及其文化是奥运会的核心，因为这么多年的努力就是为了等待最后一刻，在奥运会这个平台上展示本城市的文化、价值观，改善世界对其的看法，实现对国家或城市形象的全面提升。而在国际奥委会这一端，他们始终清醒而冷静地意识到这是关系到国际奥委会奥林匹克品牌的一场盛会，举办城市只是一个具体的承办地，它可以借助“五环”提升城市及国家形象，但这场盛会的主角永远是奥林匹克品牌。

事实上，唯有通过视觉、仪式、行为等方式清晰地展示奥林匹克精神、文化、个性与价值，奥林匹克品牌才能持续有活力地存在下去。唯有奥林匹克品牌的价值的最大化与传播最大化方能给举办城市的市政目标的实现带来可能。反之，如果各个举办城市各行其是，有意无意地忽略奥林匹克品牌的呈现，而将举办城市的品牌形象与文化甚至仅仅是将经济与商业形象的呈现视为核心，就会极大地削弱奥林匹克品牌形象的清晰度与张力，进而削弱奥林匹克品牌的核心价值，长此以往，最终会导致奥林匹克品牌的价值与个性的全面衰退。

国家体育馆赛时照片。

国家游泳馆赛时照片。

五棵松篮球馆赛时照片。

国际奥委会与各奥运举办城市的认知差异在于：

国际奥委会作为奥林匹克品牌的持有者，更注意品牌的连续性与长期性，“五环”标志在各种应用环境与细节上的一致性及其尽可能多的视觉重复展示，是强化奥林匹克品牌形象的长期战略之一。而各奥运举办城市的奥运目标，更多地在于提升自己城市或国家的品牌形象，虽然这一战略与国际奥委会的品牌战略并不矛盾，因为奥运举办城市的成功与持续提升是保持奥林匹克品牌生命力与吸引力的关键因素，但相对而言，举办城市的奥运战略具有短期性与不可避免的功利性，从而出现一方面是对奥林匹克品牌核心视觉符号“五环”的有意无意地忽略或削弱，另一方面又对奥林匹克品牌商业价值的开发有过度透支的倾向或冲动。1996 年亚特兰大奥运会的灾难就在于对奥林匹克品牌的过度商业利用，从而导致商业与城市形象的双重损失。

鉴于这种理论上容易理解而实践中难以自制的品牌管理难题，国际奥委会建立起奥运品牌巡查制度。在往届奥运会开幕前期，萨马兰奇甚至亲自坐在摄像机监视屏前，观察每一个机位的画面是否缺失“五环”。一场一切以运动员、竞技场为中心的奥运转播，更多的镜头机位安排是为了捕捉瞬间运动的精彩画面，那么特定机位范围内的形象景观上的“五环”也就成为巡查的重点。

场馆“清洁”原则与奥运形象景观

无论是现场观众还是电视观众都会发现，与一般体育比赛充斥赞助商广告的商业环境不同，奥运会场地内没有任何广告，是一个非常“干净”的场地。这个“干净”的场地源自于奥运场地的“清洁”(Clean) 原则，这也是奥运会看上去如此特别、迥异于所有体育赛事的主要原因之一。

1998 年日本长野冬奥会之后，国际奥委会发起一次全球性品牌市场调查活动，以确认在受众心目中奥林匹克品牌的真正含义。这项由国际奥委会市场营销公司——Meridian 所做的涉及 5500 名消费者、250 家重点媒体、奥林匹克大家庭及赞助商的深度调研活动表明，奥林匹克品牌由四个关键因素构成：

希望：奥运会通过面向所有人、没有歧视的体育竞赛，为人们提供一种让世界更美好的希望。

梦想和激励：奥运会为人们提供一种催人奋进的动力，激发人们去实现梦想，而实现梦想的

2000 年雅典奥运会形象景观设计。

2006 年都灵冬奥会形象景观设计。

过程，是运动员付出努力、展现自我牺牲精神和决心的过程。

友谊和公平竞争：奥运会为人们提供了看得见、摸得着的活生生的例子，证明人性可以通过体育的内在价值战胜由政治、经济、宗教以及种族隔阂所产生的歧视。

努力的快乐：不管结果是什么样的，自己至少尽了全力。由过程所产生的快乐，在奥运会上被人们歌颂。通过比赛中表现出来的荣誉和尊严，奥林匹克让每一个选手和每个观众都产生这样的感觉。

可以说奥林匹克品牌独特的商业价值正是由以上这些非商业性因素及其价值带来的。而要让这些看似抽象的精神与价值落实在实际的品牌计划与实施之中，同时作为对 TOP 赞助计划的反隐形市场的权益保护的视觉体现，国际奥委会特别制定一个名为“Clean”的场地清洁原则，这个原则就是确保所有奥运比赛在没有任何广告的竞技环境中举行，大到场地环境，旗帜、围栏，小到体育器械均需遵守这一原则。在这个场馆清洁原则的实施早期，观众会发现，虽然体育比赛是在一个没有任何广告信息干扰的“干净”环境中进行，但场地的视觉环境多少显得有些冷清。而在 1996 年以后，随着辅助图形引入奥运形象景观设计，特别是 2004 年雅典奥运会之后，辅助图形上升为核心图形，以核心图形为纽带展现的奥运整体形象景观以前所未有的视觉丰富性与张力，引发了运动员与观众对奥运的独特热情与想象。这是一种丰富、热烈、单纯、有力的视觉表现，屏蔽了所有商业形象与信息，它是奥运会所特有的视觉氛围，这种氛围与举办城市的文化艺术相联系，它让运动员与观众全身心沉浸于体育比赛本身，享受由纯粹竞技运动带来的愉悦与乐趣。这种非商业性的视觉、精神体验与随之而生的崇高、升华感受，是奥林匹克品牌的体验核心与价值所在。更为神奇的是奥运志愿者项目的引进，为了将一个因第二次世界大战而“破碎”的世界重新团结起来，在 1948 年伦敦奥运会时第一次引入奥运志愿者项目，身穿统一制服的奥运志愿者散布在奥运会各个职能部门与场地环境中，无偿地为运动员、观众提供一切可能的贴心帮助，而这一以奉献为唯一目标、数量庞大的志愿者人群不仅成为奥运会一道亮丽的风景线，也成为流动的奥林匹克精神的视觉体现。

这是一个看似悖论的商业品牌奇迹。奥运会品牌的商业价值的最大化是通过种种不可思议的非商业的因素与方式实现的，这一奇迹也改变了顾拜旦曾认为的商业与道德不可兼得的论断。TOP 赞助计划与电视转播竞标等系列商业化策略创造出一种体育道德与商业利益双赢的商业模式，这种模式在满足了奥运赞助商、转播商的商业实现的同时，部分实现了顾拜旦所提倡的奥林匹克的道德追求。但顾拜旦关于体育道德与商业欲望的对立问题并没有因此彻底解决，事实上人们对这一商业模式的争议、对萨马兰奇本人的质疑一直没有间断，而将奥林匹克品牌引向歧途的过度商业化的诱惑也一直没有停止。考虑到奥运会持续上升的全球影响力与全球电视转播覆盖范围与时长，及随之而来的围绕赞助方式及相关利益体现而日趋严酷的商业博弈，对场地清洁原则的坚守时刻面临挑战。

奥运会所独有的丰富而统一的视觉形象系统建立在奥运场地“清洁”原则的基础之上，在观众甚至运动员被奥运独特视觉或氛围感染而生发人类道德情怀的时刻，我们必须清醒地认识到，奥林匹克品牌并不是一个公益性的公众品牌，而是一个建立在 TOP 赞助计划与全球商业转播方式上的彻头彻尾的商业品牌，在崇高的奥林匹克精神的光环下面蕴含深思熟虑的商业品牌策略，这一策略以提升举办城市形象与经济活力为吸引力，以提升赞助商品牌全球影响力、为全球转播商提供巨额转播价值为谈判砝码，以场地清洁原则、形象统一规范及志愿者项目等为品牌形象设计实施方案，最终整合所有相关因素，以仪式、视觉等方式传递奥林匹克品牌的核心价值——“希望、梦想与激励、友谊与公平竞争、努力的快乐”等。这一核心价值以其独有的非商业性视觉空间与组织方式，让所有结缘于奥运会的商业或非商业机构获得远比职业体育或纯商业活动所带来的高得多的附加价值与利益，因为只有超越功利性的买卖关系、直接诉诸人类健康、情感、道德的心灵体验，才是提升品牌形象与价值的终极方式。但在这一过程中，国际奥委会与各国奥委会、各国际体育单项组织、举办城市、奥运合作伙伴、赞助商、转播商之间的商业博弈从一开始就存在，并且还会无休止地存在下去。每一届奥运会都是独特的，每一个奥运举办城市也必然会以各自独特的解决之道化解矛盾，争取共赢。要达到顾拜旦希冀的奥林匹克精神“圣殿永存”的伟大理想，国际奥委会、各国际体育单项联合会、各国奥委会、举办城市、奥运赞助商等所有相关组织与人员必须在奥林匹克品牌商业化运作过程中，深刻洞悉奥林匹克品牌的核心价值及其独特的体现方式，坚持道德与商业底线，抵御短期诱惑，才能共赢并长期收获。

第一章　北京2008年奥运会色彩系统设计

北京 2008 年奥运会色彩系统设计团队成员名单

［项目名称］北京 2008 年奥运会色彩系统设计
［起始时间］2004 年 3 月至 2004 年 7 月
［项目总监］王敏
［设计总监］宋协伟
［主创人员］宋协伟 / 吕迪 · 鲍尔 / 王子源 / 林存真 / 许平 / 王川
［参与人员］范迪安 / 晋华

［项目概述］

北京 2008 年奥运会色彩系统设计项目于 2004 年 3 月启动，中央美术学院设计团队对北京的自然、人文与历史色彩资源进行调研，多次召开北京奥运色彩系统研讨会，团队提出“中国传统五行色彩”概念以及“舞动的北京——三维色彩体系”的构想，最终形成以“中国红”、“琉璃黄”、“青花蓝”、“国槐绿”、“长城灰”、“玉脂白”为特色的北京 2008 年奥运会色彩系统，体现了典型的中国人文精神和自然风采，2004 年 6 月，《舞动的色彩——北京 2008 奥运会专用色彩系统》手册正式出版。

左页图：基于调研的色彩分析。

HANK

体育健身文化

广福观之温室
GUANG FU TEMPLE'S FORCING HOUSE CAFEE
天空
餐 厅
RESTUURANT

STUDIO

主色的讨论

色彩系统是奥运会形象景观系统的重要组成部分，北京奥运色彩系统的设计开发始于2004年3月，历经3个月完成。2004年6月，《舞动的色彩——北京2008奥运会专用色彩系统》手册正式出版。

中央美术学院设计学院师生组成奥运色彩系统设计团队，对北京地区的自然色彩和人文色彩特征展开调查，在经过反复论证及设计之后，北京奥运的基本色彩被定为中国红、琉璃黄、青花蓝、国槐绿、长城灰、玉脂白等。需要指出的是，在色彩调研的过程中，参与项目设计的法国设计师吕迪·鲍尔先生对中国丝绸、琉璃等物品所特有的质感与光效产生兴趣，并尝试以一种具有光效的样式来呈现北京的色彩。这一灵感与尝试最终被发展成为北京奥运色彩三维色的概念，简单说来，就是以渐变色彩的方式丰富北京色彩的表情的设计。

设计过程中，北京奥组委多次组织召开北京2008年奥运会色彩系统研讨会，会议研讨过程中，与会人员围绕"什么是北京奥运色彩系统的主色"展开热烈讨论。有人说应该是黄色，因为黄色是五行之中土正色，而中国人又是黄色人种，中国有黄河、黄土地等；有人则认为应该是红色，因为红色是最典型的中国国家庆典与民间喜事的主要色彩，为普通百姓所喜闻乐见；有人说干脆选用红、黄两色，因为这是最具传统特点的中国色彩，也是国旗与国徽的主要色彩；也有人说北京奥运是在盛夏举办，用红、黄作为主色太热，应该用绿色——大自然的色彩，也是绿色奥运的象征……诸多的理由与争议无法平衡。

什么才是北京奥运的主色？哪一种或两种颜色能代表北京成为中国的象征？色彩问题再一次上升到意识形态的高度，而其时间思考跨度与五千年的历史联系在一起，使其成为一个不易解决的问题。古代中国的色彩问题从一开始就与饮食男女、社会等级、民族、宗教、哲学等联系在一起，最典型的如五行与五色的对应关系。任何单纯的抽离都无法摆脱既有的复杂结构与关系，然而对色彩的梳理与选择又必须是在当下国际政治的语境中进行，如红色成为主色的决策担忧就是，是否会有"文革""红海洋"的视觉联想？进而担忧引发国际社会对当下中国政治态度的某些猜测。最后北京奥组委的结论是将主色问题搁置不提，根据实际需要合理分配运用相关色彩。

左页图：基于调研的色彩分析。

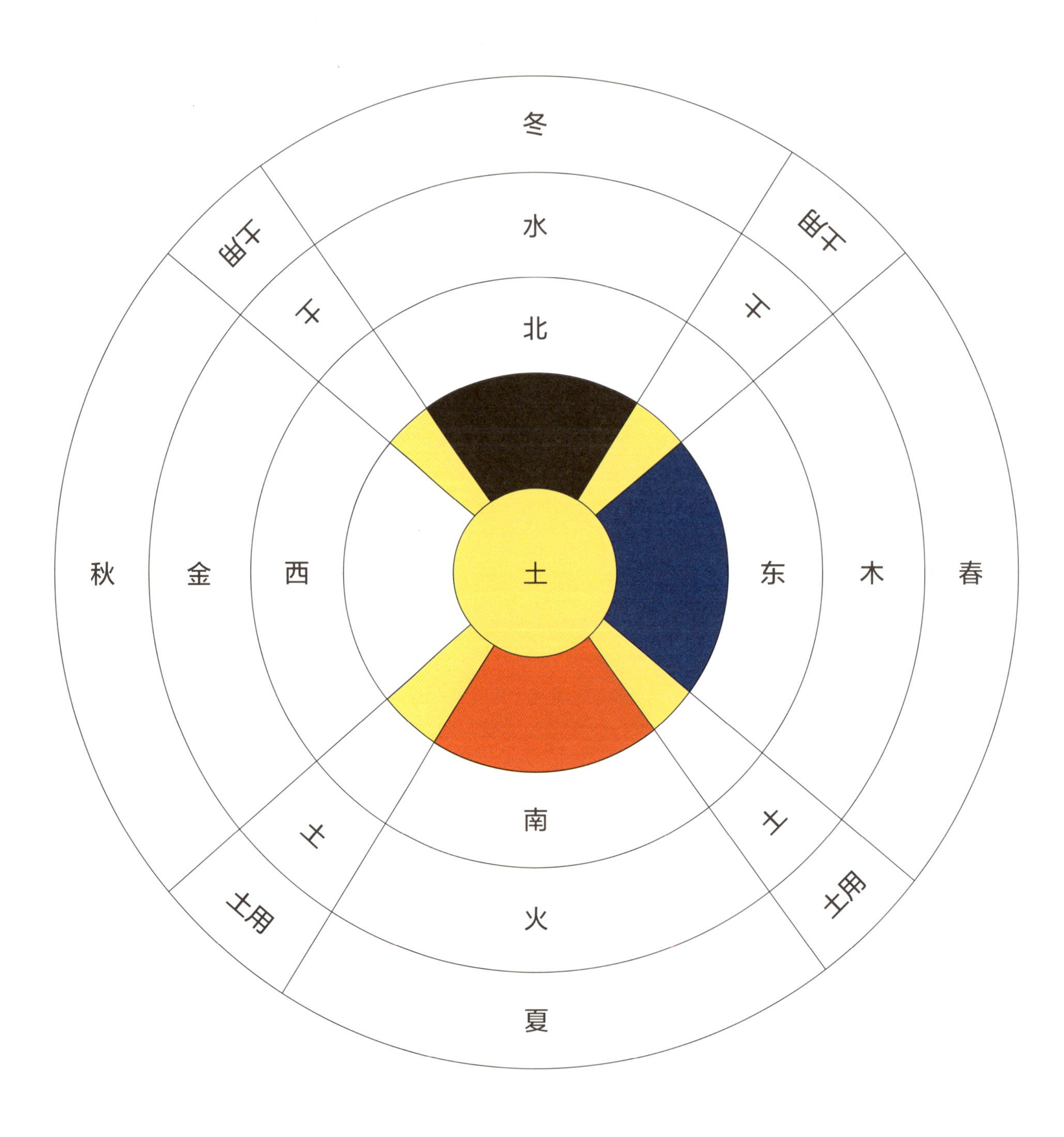
冬
水
北
土用
土
土用
土
秋
金
西
土
东
木
春
土
土用
南
火
夏
土
土用

左页图：中国传统“五行”与“五色”的关系图示。
上图：设计团队根据“五行”概念设计的色彩分析图。
◎设计过程中，团队曾试图按照中国传统“五行”与“五色”的关系学说定义北京2008年奥运会的色彩体系。中国古代先哲将“金、木、水、火、土”五种元素视为构成宇宙万物的基础，以五种元素之间相生相克的规律来说明事物之间的相互关系。“五行”与“五色”的概念最早源自五行与方位的关系描述，《周逸书》：“五行，一，黑位水，二，赤位火，三，苍位木，四，白位金，五，黄位土。”以“白、苍、黑、赤、黄”分别对应“金、木、水、火、土”以及“西、东、北、南、中”。“五色”是具有中国传统文化底蕴的色彩概念。

“五行色彩”概念虽极具中国特色，但因其渊源久远，内涵古奥，最终没有得到北京奥组委的采纳。

色彩资源调查

1. 自然及环境色彩调查。对北京地区的自然环境色彩进行有计划的调查、拍摄与分专题研讨，为色彩设计提供素材。

2. 历史及人文色彩调查。对北京地区的历代馆藏文物及文献资料展开调研，对相关文献资料进行检索、分类、研究，积累掌握可为色彩设计提供素材的色彩文献资源。

3. 民俗及传统色彩调查。对北京地区的建筑、园林、节假日以及衣食住行等民俗资源进行调研、拍摄，分类进行研讨，为色彩设计提供素材。

图 1

图 2

图 3

图 4

图 5

图 6

图 1：建筑颜色；图 2：建筑颜色；图 3：织物颜色；
图 4：织物、瓷绘颜色；图 5：衣物颜色；图 6：绘画颜色。

舞动的色彩——“三维色彩体系”的构想

丝绸是中国古代物质文明的典型代表。汉代张骞出使西域，由此开辟了以长安为起点，经甘肃、新疆至中亚、西亚连接地中海各国的陆上贸易通道——“丝绸之路”。在这条路线上进行的贸易中，中国输出的商品以丝绸最具代表性，“丝绸之路”成为东方文明与西方文明交流的重要通道与文化象征。

丝绸柔软、富于表现的亮丽质感成为找寻中西文化结合点的灵感来源之一。与棉、麻等其他自然材料不同，丝绸具有特殊的光泽，质地柔软、平滑，它在视觉意象层面上十分贴近东方文化温柔、敦厚、内敛、灵动的特征。

法国设计师吕迪·鲍尔先生从丝绸特有的质感和光泽变化中获得灵感，尝试以一种带光泽效果的样式来体现北京 2008 年奥运会的色彩。基于此概念，设计团队进行了大量的设计尝试，最终发展成北京 2008 年奥运会色彩系统的“三维色彩体系”的构想，即以色彩渐变的方式来丰富北京 2008 年奥运会的色彩表情，与往届奥运会色彩系统中常见的采用平涂色彩的色块风格区分开来。

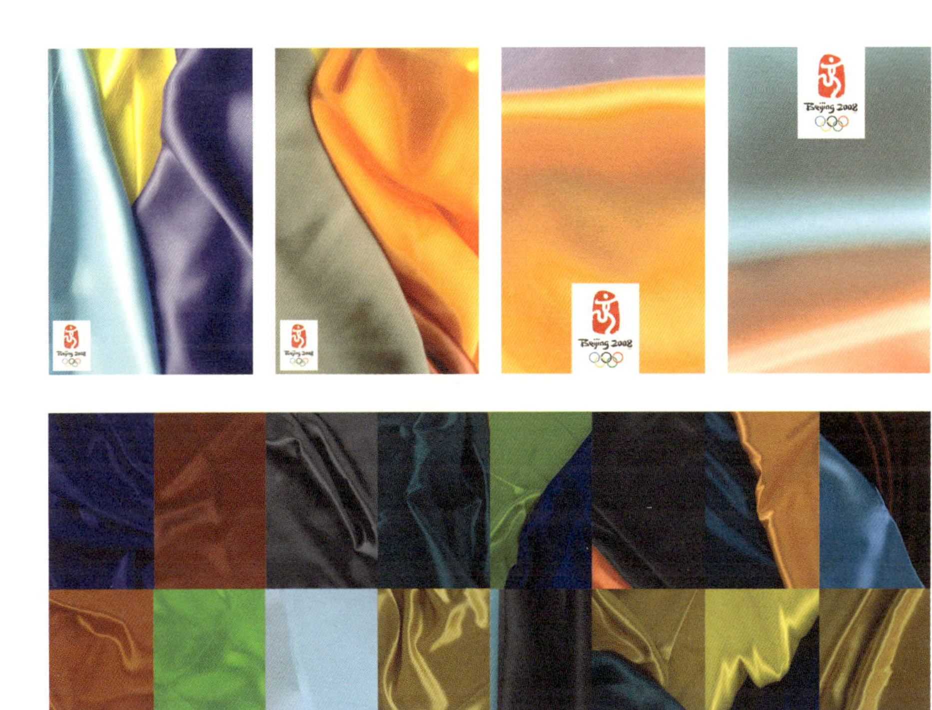

左页图：基于丝绸质感进行的色彩分析。

上图：对丝绸质感与色彩关系进行的分析。

PANTONE: 202 C
CMYK: C0, M100, Y65, K45
RGB: R137, G0, B24

PANTONE: 186 C
CMYK: C0, M100, Y100, K10
RGB: R230, G0, B0

PANTONE: 1788 C
CMYK: C0, M85, Y90, K0
RGB: R254, G40, B14

PANTONE: 159 C
CMYK: C0, M65, Y100, K5
RGB: R242, G85, B0

PANTONE: 152 C
CMYK: C0, M50, Y100, K0
RGB: R255, G127, B0

PANTONE: 1245 C
CMYK: C0, M25, Y90, K15
RGB: R217, G162, B19

PANTONE: 123 C
CMYK: C0, M30, Y95, K0
RGB: R255, G179, B15

PANTONE: 129 C
CMYK: C0, M15, Y75, K0
RGB: R255, G217, B60

PANTONE: 390 C
CMYK: C30, M0, Y100, K5
RGB: R170, G208, B16

PANTONE: 363 C
CMYK: C75, M0, Y100, K20
RGB: R51, G132, B33

PANTONE: 356C
CMYK: C100, M0, Y90, K25
RGB: R0, G104, B52

PANTONE: 286 C
CMYK: C100, M60, Y0, K5
RGB: R11, G61, B146

PANTONE: 299 C
CMYK: C85, M20, Y0, K0
RGB: R42, G139, B190

CMYK: C0, M0, Y0, K0
RGB: R255, G255, B255

PANTONE: 413 C
CMYK: C0, M0, Y10, K20
RGB: R204, G204, B184

PANTONE: 443 C
CMYK: C10, M0, Y5, K35
RGB: R150, G160, B154

北京 2008 年奥运会专用色彩系统

中国红

红色是北京的颜色，也是中国的象征。红色的宫墙、红色的灯笼、红色的婚礼、红色的春联……从古至今，北京的生活中充满红色的装饰主题。红色，构成了人们印象中北京的颜色。红色是激情和运动的颜色；红色是喜庆与祥和的颜色；红色是中国民俗与文化的主色，因此，红色也成了北京 2008 年奥运会会徽颜色的主色。

琉璃黄

黄色的琉璃瓦、金秋的树叶和丰收的农田，是北京最亮丽的色彩。“琉璃黄”代表北京独特的自然景观及人文与历史的精彩和辉煌。黄色在中国的色彩文化中具有崇高的象征意义，将在北京 2008 年奥运会专用色彩系统中扮演明亮与欢快的角色。

国槐绿

国槐是北京市的市树。郁郁葱葱的国槐绿是自然的风采，是生命与环境的象征。国槐绿寄寓北京珍视自己的家园，与自然和谐发展的愿望，表达了“绿色奥运”的理念。

青花蓝

温润而典雅的“青花蓝”具有一种历史的美感，是北京丰富多彩的艺术宝藏中极具代表性的色彩，象征文明与创造。

长城灰

蜿蜒起伏的万里长城和掩映在绿树丛中的四合院民居的灰色，是北京传统建筑景观的标志色。灰色是北京 2008 年奥运会色彩系统中独具魅力的元素。

玉脂白

“君子佩玉”——自古以来中华民族以佩玉为道德与修养的标志，“羊脂玉”更是玉中极品。玉又是中国传统文化中吉祥如意的象征。白色是北京 2008 年奥运会会徽色彩构成的重要元素之一，将在奥运会色彩系统中起重要的协调作用。

舞动的色彩
北京2008奥运会专用色彩系统
Dangcing colours
Beijing 2008 Olympic Games
The Colours

目录 Catalogue

专用色彩阐述
Introduction of The Colours

中国红 The Chinese Red

基础色彩 Primary Colour

辅助色彩 Subsidiary Colours

琉璃黄 The Glaze Yellow

基础色彩 Primary Colour

辅助色彩 Subsidiary Colours

国槐绿 The Chinese Scholar-tree Green

基础色彩 Primary Colour

辅助色彩 Subsidiary Colours

青花蓝 The Blue-and-White Porcelain Blue

基础色彩 Primary Colour

辅助色彩 Subsidiary Colours

长城灰 The Great Wall Grey

基础色彩 Primary Colour

辅助色彩 Subsidiary Colours

北京 2008 年奥运会专用色彩系统宣传手册

左页图及上图：《舞动的色彩——北京 2008 奥运会专用色彩系统》手册文件。

◎根据北京奥组委内部宣传手册的统一版式完成的《舞动的色彩——北京 2008 奥运会专用色彩系统》手册由北京始创国际企划有限公司编制。

第二章 北京2008年奥运会核心图形设计

奥运会核心图形概述

核心图形，最初称为辅助图形，是奥运会形象景观的构成元素之一。核心图形是连接奥运会会徽、体育图标、吉祥物、口号等奥运形象元素的重要纽带，该图形主要运用于奥运场馆内外、城市形象景观（如各类围栏、旗帜等）以及各类出版物和奥运特许商品开发等领域。特别是在奥运会场馆内，由于奥运场馆“清洁”（Clean）原则拒绝商业广告进入，所以核心图形成为营造奥运赛时气氛的重要图形元素。

1996 年亚特兰大奥运会核心图形及应用。

概念

核心图形原称为辅助图形，是在奥运会色彩系统框架下创造的一个图形元素，是构造奥运会整体形象景观的重要视觉元素。奥运会辅助图形的概念始于 1996 年亚特兰大奥运会，在 1998 年日本长野冬奥会后列为奥运会景观系统的规定元素。2000 年悉尼奥运会后，辅助图形的作用日益突出，特别是 2004 年雅典奥运会对辅助图形的成功开发与运用，让国际奥委会决定将辅助图形更名为核心图形，以体现核心图形的设计开发在奥运形象景观中的重要意义。核心图形本身并不作为独立的图形使用，而是通过设计和切割，形成多种比例的图形模块，与其他奥运形象元素组合，运用于各项奥运形象景观设计。

2000 年悉尼奥运会核心图形及应用。

作用

核心图形在奥运会形象元素中起协调连接的作用，主要用于以下方面：用于营造充满活力的赛场环境和城市庆典气氛，激励运动员，满足观众和来访者的奥运体验；用来提升电视转播画面效果；用于与奥运会赛事相关景观或物品的设计，包括场地和器材、互联网、电视转播、指示系统、服装、广告、出版物、证件、门票等；用于奥运火炬接力、仪式庆典、文化活动等各个领域；用于合作伙伴、赞助商奥运会形象设计和奥运会特许商品的设计开发。这是将赞助商的品牌与奥运会品牌形象结合起来的最有意义的方式，使奥运品牌形象在全世界范围内的识别度更为广阔。

创意理念

北京 2008 年奥运会核心图形设计的基本理念由以下四个方面组成：

中国风格：2008 年奥运会将在中国举行，届时世界各地的人们都希望看到一届具有鲜明中国特色的体育盛会，辅助图形的设计应运用中国文化元素，表现出中国独有的优秀文化传统与艺术精神。

人文底蕴：在 2008 年北京奥运会的三大理念中，“人文奥运”是核心和灵魂。中国是一个具有五千年文明史的文化大国，具有博大精深的哲学、文化、艺术等人文底蕴，辅助图形的设计应以图形的方式创造性地体现出中国的人文风采。

时代风尚：“中国风格”、“人文底蕴”可以是传统的、历史的、民族的，但其视觉表现应具有传统与现代的融合、富于时代精神甚至是引领时代风尚等特征，辅助图形的设计必须运用现代性、国际化的视觉语言与先进的表现手段来彰显中国伟大的文化与艺术内涵，创造新北京、新奥运应有的新视觉。

运动精神：奥林匹克运动是充满活力的竞技运动，提倡相互了解、参与、友谊、团结和公平竞争的精神，辅助图形的设计必须以充满活力、动感，且为广大群众所喜闻乐见的艺术形式，来表现蓬勃的朝气、运动的精神，传达参与、奋进、和谐共生的主题。

核心图形设计需以现代手法表现中国悠久文化，与北京 2008 年奥运会会徽、口号、吉祥物、色彩系统等视觉元素协调统一，具备运用的灵活性和延展性。

2005年初，北京奥组委文化活动部发出设计邀请函，针对北京2008年奥运会核心图形设计项目进行定向设计招标，参加定向竞标的单位有中央美术学院、清华大学美术学院、中国美术学院以及北京始创国际企划有限公司。

2005年3月，中央美术学院设计学院在院长王敏教授的主持下，组建以师生为主的奥运核心图形设计团队。

北京 2008 年奥运会辅助图形设计阶段

中央美术学院奥运会辅助图形前期创作成员名单

［项目名称］北京 2008 年奥运会核心图形设计

［起始时间］2005 年 3 月至 2005 年 6 月

［项目总监］王敏

［设计总监］王敏 / 肖勇 / 王子源 / 林存真 / 马俊诚

［主要成员］陈慰平 / 辛静 / 杨蕾 / 张子龙 / 张秀锦 / 李沐泽 / 代琳 / 梁秀川

［项目概述］

2005 年 3 月初，中央美术学院设计学院院长王敏教授主持召开了北京 2008 年奥运会形象景观设计项目竞赛动员会，会上王敏院长介绍了 2004 年雅典奥运会的形象景观设计，同时讲解了北京 2008 年奥运会辅助图形的竞标要求。之后成立中央美术学院奥运辅助图形设计团队，由王敏教授、肖勇副教授、王子源老师、林存真老师、马俊诚老师负责，学生成员由平面本科生、研究生与进修生组成。在辅助图形的竞标初期，中央美院设计团队共提报了 11 个方案。

2005 年 4 月，经过北京奥组委专家会议的初步评选，第一轮评选出“中国韵律”、“龙行盛世”、“丝舞之路”、“中国图”四套方案。第二轮评选出“中国图”、“中国韵律”两套方案进行修改。

2005 年 5 月，中央美院设计团队集中力量对“中国图”、“中国韵律”方案进行修改。“中国图”方案起初反响极佳，但经过多轮筛选和讨论后，2005 年 6 月，“中国韵律”、“中国图”方案陆续被否决。

左页图：中央美院前期创作成员工作照。

中国图

灵韵墨章

龙行盛世

舞动的东方

东方韵律

丝舞之路

前期辅助图形设计方案举要

2005 年 3 月到 6 月期间，中央美院设计团队共提报了 11 个辅助图形方案。以下所列是部分方案举要，其中最重要的设计方案是王子源老师主创的“中国图”方案。

辅助图形设计初期，在与清华大学美术学院、中国美术学院等单位竞标的过程中，“中国图”方案一直是被各方看好的、最具竞争力的方案。奥组委也基本认可这个方案，王敏教授还去瑞士洛桑的国际奥委会就“中国图”作了汇报，得到了国际奥委会相关人员的赞许。但在最后几次专家评审会中，北京奥组委方面提出图形中的“永”字意义不明确，建议改成“京”字或“和谐”一词。“京”表示在北京召开，“和谐”源自“和谐社会”。

会后，杭海副教授认为，“京”与“和谐”的提出有其政策上的考虑，改用“京”或“和谐”，由于图形使用时采用切割、局部使用的方式，最终效果应该与“永”字无太大区别。但王子源老师认为“永字八法”集中体现了汉字的特征，这是其他汉字都无法替代的。

在之后几轮方案提交的过程中，王子源老师始终坚持原方案。在最后一次方案研讨会上，北京奥组委文化活动部领导表示“中国图”方案已遭否定，至此“中国图”方案终结。

汉字是现存的、仍在使用的一种以象形为主要特征的文字，其形意的特点让“望文生义”的揣摩与猜测成为文字理解与演绎的主要方法与手段。“中国图”方案出局的教训在于，在中国重大公共形象设计项目决策中，由于文字的寓意所可能引发的风险远比图像要大得多，所以在决策过程中，决策层往往采用更为审慎、更为严格的处理方式对待文字的问题。以文字为主题的设计动机是体现中国特有的书法艺术的趣味，但文字作为图形，在切割、组合、重构过程中存在着无数不确定的呈现与读解方式，以及种种读解背后的不确定的公众反应，这种无法预知、无法控制的不确定性是以确保舆论安全、万无一失为终极目标的北京奥运所无法接受的，汉字特有的多音、多义、不确定性的风险属性其实在一开始就决定了以文字为主题的方案最终出局的命运。

左页图：中央美术学院提报的 11 个方案中的 6 个，其中“东方韵律”在后续的方案修改过程中更名为“中国韵律”。

中国图（Tangram）

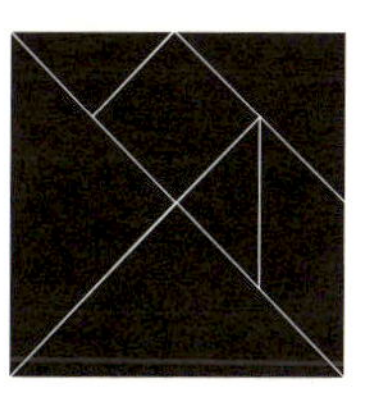

“七巧板”又称“益智图”，是用七块大小不同的正三角形和矩形拼出形态万千的奇妙图形的中国传统益智游戏，号称“唐图（Tangram）”，意即“中国图板”。“中国图”方案的图形包含了“米字格”、“永”字与七巧板，是对中国文字和图形中数理概念的归纳，并从视觉上进一步丰富了七巧板的直线造型结构和表情，在数理世界中融入中国传统书法、绘画的感性与多变，同时也洋溢着运动的激情和活力。

“中国图”的概念与北京2008年奥运会“中国印”会徽和北京2008年奥运会色彩系统“中国红”的主色相得益彰，共同构建北京2008年奥运会独特的“中国”形象。

右下图：该方案视觉来源：

1. 色彩：中国京剧色彩的表现兼具张扬与隐喻，金色是重要的间隔元素；中国古代建筑色彩中，严谨与和谐并存；中国传统民间色彩中饱含着淳朴与热烈。

2. “七巧板”：“七巧板”受唐代“燕几”设计的启发而发明。明代万历年间，戈汕在“燕几图”基础上创造“碟几图”，推出灵活的家具组合。清代嘉庆年间，《七巧图合璧》出版并传入欧洲，欧洲人称之为“唐图”（Tangram），意即“中国的图板”。“七巧板”游戏吸引人们从组合原理和数学原理的角度，去研究它与人工智能、拓扑学乃至电脑程序设计技术之间的关系。

3. “永字八法”：“永字八法”传说为中国古人根据王羲之《兰亭序》的第一字“永”而归纳的八种笔法规则（“永字八法”的起源有多种说法），代表了中国书法中笔画的大体，要求用笔八而一气呵成，使文字本身营造出完整而精妙的艺术境界。中国自古主张“书画同源”，中国传统书法和绘画均以水墨和毛笔为工具，“永”字八法揭示了两者之间共通的艺术特质。

[横]“如千里之阵云，隐隐然其实有形”　[点]“如高峰之坠石，磕磕然实如崩也”　[撇]“如陆断犀象之角”　[竖]“如万岁枯藤”

[捺]“如崩浪雷奔”

[努]“如百钧弩发”

[钩]“如劲弩筋节”

左页图：永字方案的比例切割示例。

上图："永字八法"，侧、勒、弩、趯、策、掠、啄、磔八划在"中国图"中的体现：点为侧；横为勒；竖为弩；钩为趯；提为策；撇为掠；短撇为啄；捺为磔。

◎东晋卫夫人在《笔阵图》对汉字书法笔画的意象描述：

"'横'如千里之阵云，隐隐然其实有形"、"'点'如高峰之坠石，磕磕然实如崩也"、"'撇'如陆断犀象之角"、"'竖'如万岁枯藤"、"'捺'如崩浪奔雷"、"'努'如百钧弩发"、"'钩'如劲弩筋节"。

Beijing 2008
Beijing 2008
Beijing 2008
Beijing 2008

左页图及上图：“中国图”图形切割运用举例。

左页图及上图："中国图"图形切割运用举例，在"七巧板"背景中加入丝绸等图形元素，丰富"中国图"的表现力。

灵韵墨章

“灵韵墨章”方案以中国传统水墨作为设计的基本元素。国画中有“墨分五色”之说，飘逸洒脱的笔触和浓淡相宜的墨色营造了一个大气磅礴的水墨世界。抽象与激情兼具，黑白与色彩共生，与北京 2008 年奥运会“舞动的北京”主题遥相呼应。该方案以中国特有的水墨意趣将奥林匹克积极进取的运动激情完美地展现出来。水墨因奥运生灵韵，奥运因北京而精彩。

上图：该方案视觉来源：吴冠中的绘画作品。

1F Gallery
Main Theater
Restaurant
GF AV Theater
Drama Studio
Craft Workshop
Music Studio 1.2.3
Wood Workshop
West Entrance
GF Lobby
Beijing 2008

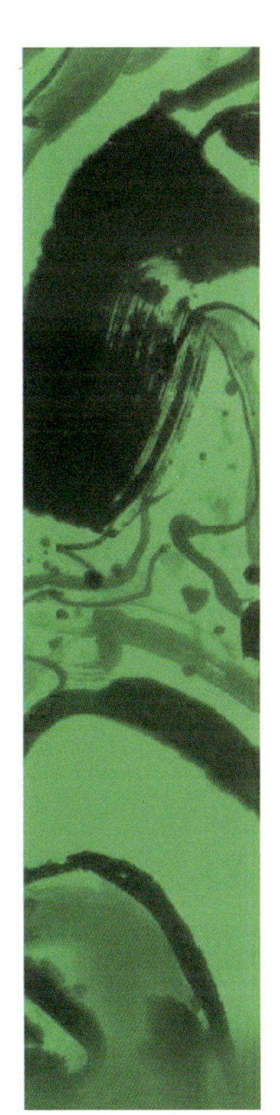

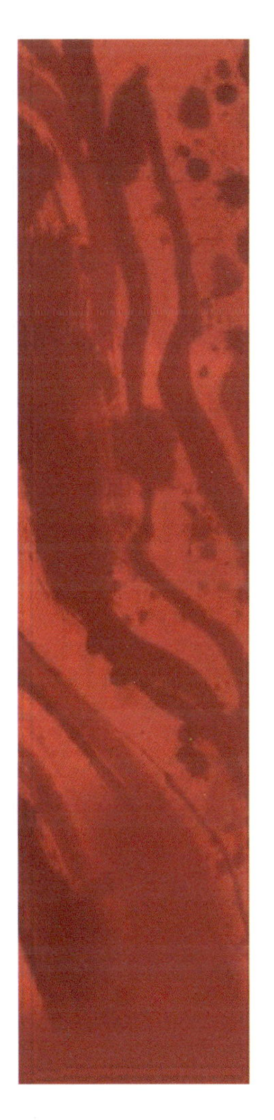

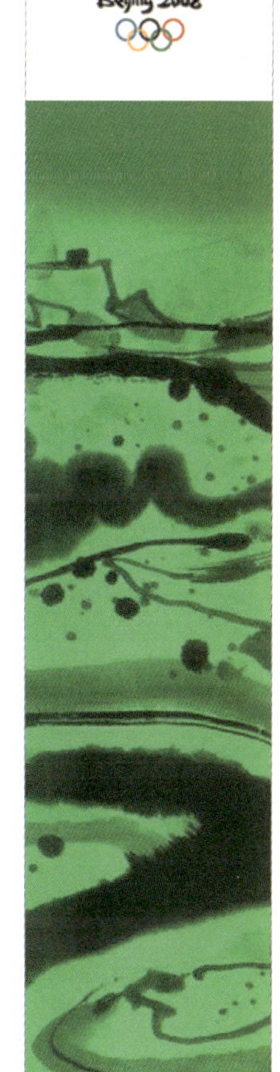

左页图及上图：“灵韵墨章”图形切割运用举例。

龙行盛世

中国人被称为“龙的传人”，龙在中国几千年文明史中一直扮演重要的角色，无论是与雨水有关的图腾崇拜，还是之后的皇权权威象征，龙在中国从古到今都是与所有人的生活息息相关的最重要的神圣图像，是中国人世俗生活中最重要的力量来源与精神支柱，具有不可取代的文化象征意义。龙的精神也一直影响着每一个中国人，勇敢、奋进、拼搏不息，这也正是奥林匹克运动所提倡的精神。在民间每当有重大节日庆典时，都会有“舞龙表演”，意为欢迎、吉利和喜庆，在这点上，龙的形象有助于营造奥运会这一盛事的喜气氛围。从形态上看，龙扭动迂回的形态像云、像山、像波浪、像火焰，贴合了“舞动的北京”这一主题。该方案在保留了龙的基本特征与动势的基础上，利用透叠手法赋予传统的龙纹以现代、抽象的气息，以体现一个古老而现代的中国风貌。

上图：该方案的视觉来源：靠旗，传统龙纹。龙鳞的表现受到靠旗造型（传统戏曲当中武将的重要装束之一）的启发。

Beijing 2008

Beijing 2008

Beijing 2008

Beijing 2008

左页图及上图："龙行盛世"图形切割运用举例。

Beijing 2008

左页图及上图："龙行盛世"图形切割运用举例。

舞动的东方

该方案视觉来源于中国传统建筑飞檐、飘动的旗帜及传统龙纹。图形设计在视觉上以飘动的旗帜为基本视觉意象，将建筑飞檐的如意纹和龙纹以抽象的方式连接起来，线状的图形形式适宜于图形的透叠表现以及使用透明材质。龙纹和如意纹是中国传统文化艺术的典型纹样，以传统韵律表现现代节奏，借现代理念描绘古典精神，寓意激情的奥运、现代的中国、舞动的北京，将中国传统文化与现代奥林匹克精神完美地融合在一起。

上图：该方案的视觉来源：传统舞龙的动感意象、传统建筑的飞檐以及迎风飘扬的旗帜。

左页图及上图：“舞动的东方”图形切割运用举例。

图形用日、月、云、水等象形文字作为主要设计元素，运用方、圆、太极图形配合三维色，形成天圆地方、刚柔相济、动静相宜的视觉意象，传达“天人合一”的价值观和世界观。

上、中、下象征进取、公平、根基，一、二、三表达万物、竞技、秩序与参与。

整个图形呼应“绿色奥运、人文奥运”的主旨，语言灵动简洁，适合与单项标志结合使用，动感中充满意境与想象。

图 1

图 2

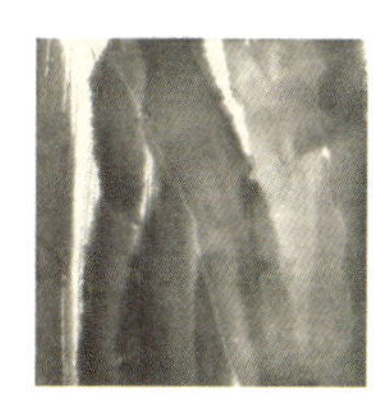

图 3

图 4

上图：该方案的视觉来源分别为：甲骨文（图 1）、金文（图 2）、水墨（图 3）、丝绸（图 4）。

左页图及上图：“东方韵律”图形切割运用举例。

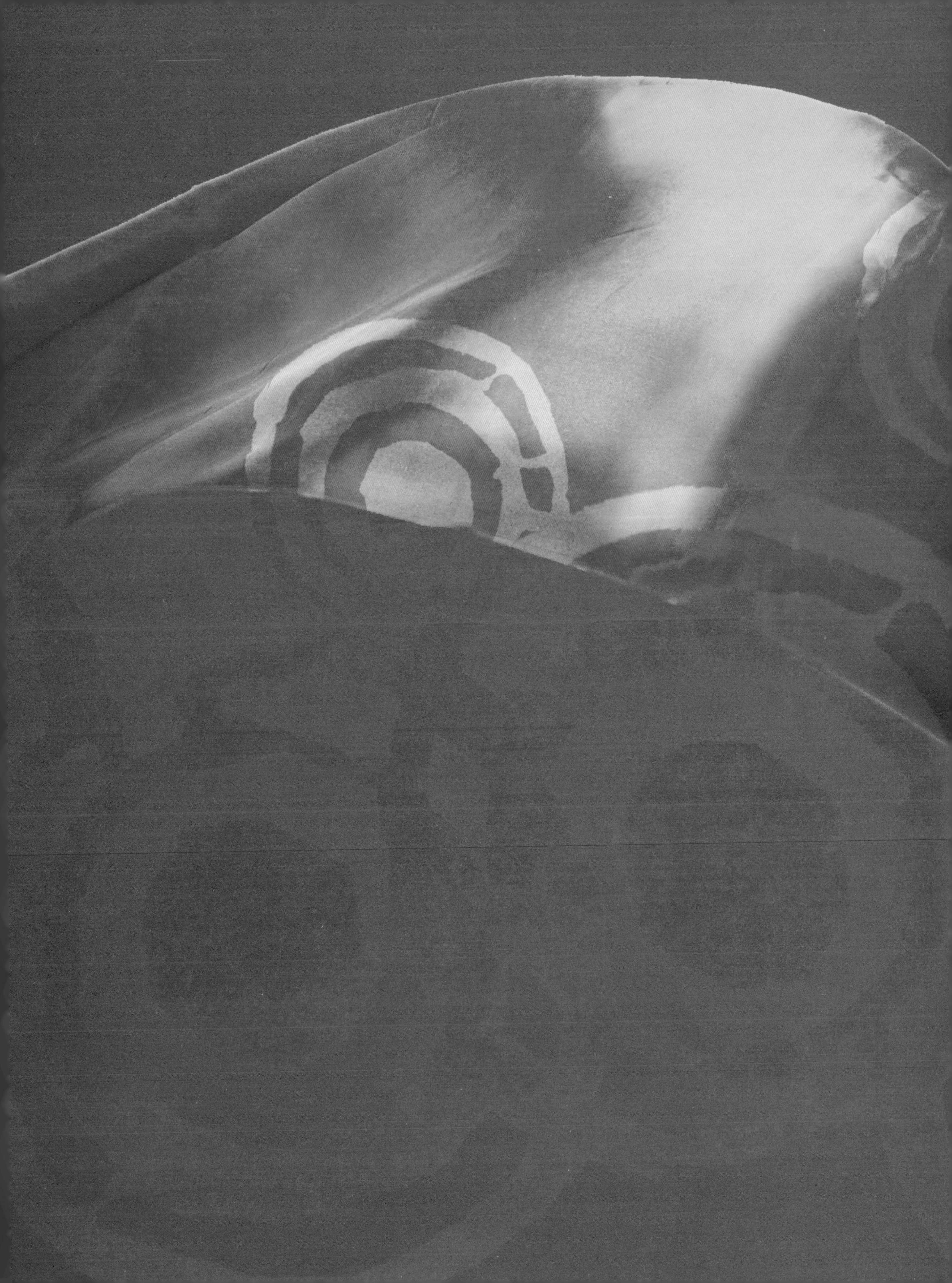

丝舞之路

奥运系世界之情，丝绸连四海之谊。

中国是丝绸的故乡。丝绸是最早的东西方文化交流、沟通的媒介，是中华民族先进劳动产品的代表。丝绸，也是现代北京欢庆的表情，是北京向世界发出的温暖的邀请，是北京奥运风貌的激情迸发与展示，并与“舞动的北京——中国印”意念遥相呼应，也与庆典的概念一脉相承。

黄河是中华文明的摇篮之一，发源于中原地区仰韶文化的彩陶及黄河流域的马家窑彩陶，代表着中国新石器时期彩陶艺术的巅峰，是中华远古先民创造的最灿烂的文化。该方案以丝绸作为主要视觉元素，辅之以马家窑、半坡文化的彩陶纹样，以体现华夏文明的悠久历史及博大精深的文化艺术，丝绸的象征性则体现了中国走向世界、将中国传统文化价值推演成为全球普世价值观的期望。

上图：该方案视觉来源，丝绸与新石器时代的彩陶。

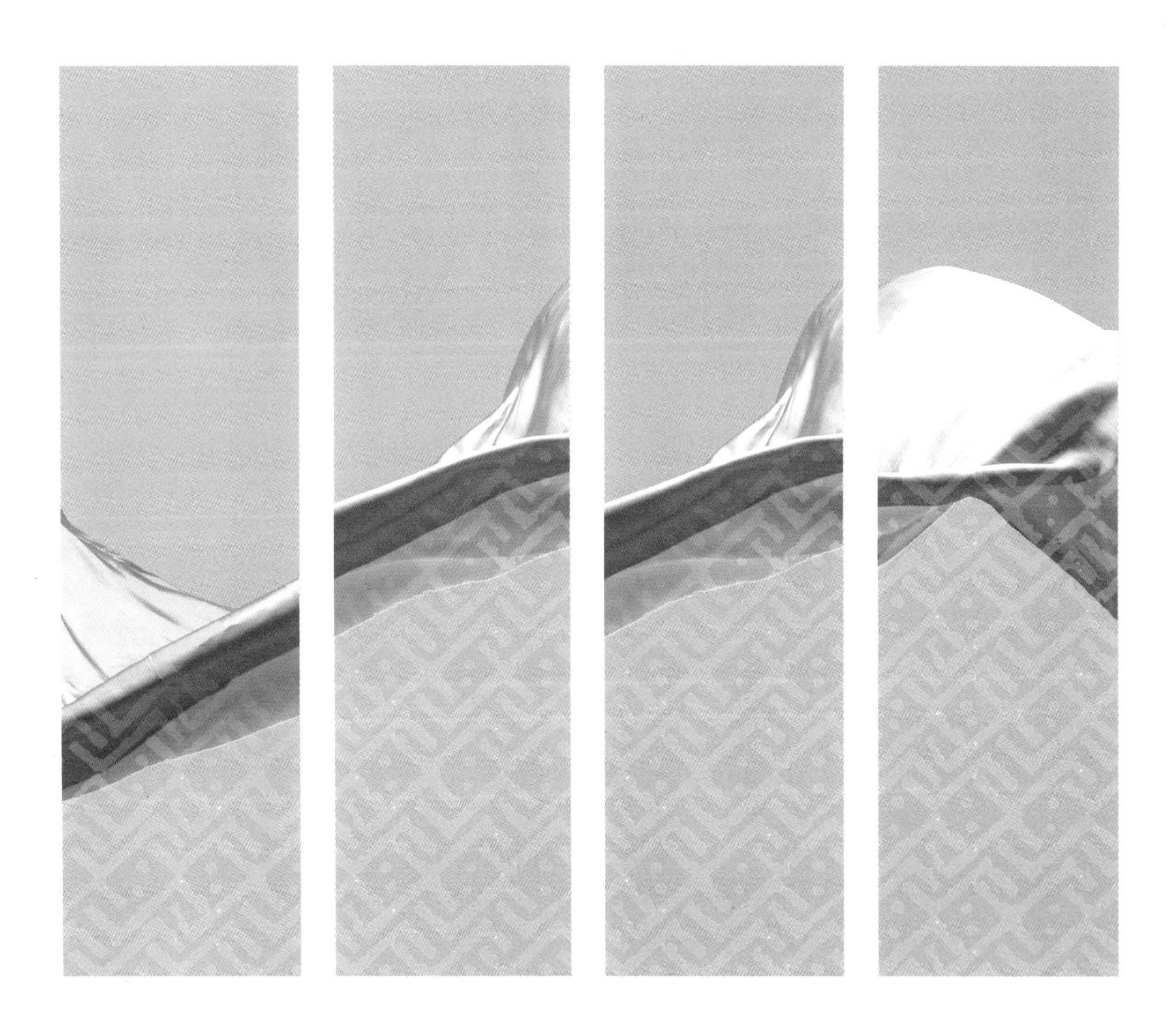

左页图及上图："丝舞之路"图形切割运用举例。

Beijing 2008
Beijing 2008

左页图及上图：“丝舞之路”图形切割运用举例。

2005年7月，国际奥委会将奥运辅助图形更名为核心图形，北京奥组委组织成立中央美术学院与清华大学美术学院奥运核心图形联合设计团队，对北京奥运核心图形进行设计攻关。其间，清华大学美术学院何洁教授提出“祥云”主题的核心图形方案，被北京奥组委确认，核心图形创作进入“祥云”图形的设计开发阶段。

北京 2008 年奥运会核心图形联合修改阶段

中央美术学院与清华大学美术学院奥运核心图形联合设计团队成员名单

［项目名称］奥运核心图形设计

［起始时间］2005年7月至2005年9月

［项目总监］王敏／何洁

［设计总监］杭海／千哲

［主要成员］王子源／肖勇／林存真／原博／陈慰平／胡小妹／王璐／谢青／潘婷婷／高丽娜／王平／高润生／夏磊／牧晴

［项目概述］

2005年7月，北京奥组委组织成立中央美术学院与清华大学美术学院奥运辅助图形联合设计团队，在京郊蓝月度假村封闭设计，期间，团队成员提交了多个辅助图形设计方案，最终清华大学美术学院副院长何洁教授提报的“祥云”主题的辅助图形方案获得认可。在这个过程中，国际奥委会将“辅助图形”更名为“核心图形”。

2005年8月底，“祥云”核心图形方案经北京奥组委执行委员会批准，被确定为北京奥运会核心图形，联合设计团队开始进行“祥云”核心图形的设计开发工作。

左页图：联合设计团队成员工作照。

清华大学美术学院“祥云”核心图形方案

北京奥运会辅助图形的设计开发工作始自 2005 年 3 月，采取定向征集的招标方法。应邀单位有中央美术学院、清华大学美术学院、中国美术学院、北京始创国际企划有限公司等。经过四个月的紧张设计，各竞标单位共提供了数十套方案，在多轮评审论证后，无一方案获得首肯，其中包括最被大家看好的“中国图”方案。按照北京奥组委形象景观工作时间表，辅助图形设计完成的截止日期定于 2005 年 9 月，迫于时间紧、任务重、压力大，也出于对辅助图形创作的高度重视，北京奥组委组织成立中央美术学院与清华大学美术学院奥运辅助图形联合设计团队，在北京郊区蓝月度假村进行为期一个月的封闭创作（简称蓝月时期）。

蓝月时期，杭海副教授开始负责中央美术美院的奥运形象设计的具体组织工作。期间，中央美院团队再次提交的辅助图形设计方案不尽理想。

辅助图形设计初期，清华大学美术美院设计团队曾提交以彩条为主题的辅助图形方案。在封闭创作时期，何洁教授指导学生将彩条折盘成圆形适合纹样，并加入祥云、如意、绶带等主题，背景加入浑天仪的视觉意象及丝绸质感进行色彩透叠。祥云和如意是最典型的中国传统纹样，寓意和合美满、吉祥如意，浑天仪则强化了世界的意象，寄托了中国人民对和谐世界的美好希望和梦想，高度契合“同一个世界 同一个梦想”的北京奥运主题。“祥云”主题获得北京奥组委的认可，之后联合设计团队围绕着“祥云”主题进行一系列的形态变化与设计尝试，其中包括中央美术学院的“动态祥云”辅助图形方案。

经专家会议决议，北京奥组委决定以清华美院的“祥云”辅助图形方案为主选方案，中央美院的“动态祥云”方案为备选方案，提交执委会审议，封闭创作期结束。

2005 年 7 月底，国际奥委会将辅助图形更名为核心图形。

封闭创作期结束后，联合设计团队回到北京市区，在光华路原中央工艺美术学院旧址对两套方案进行最后的修改。最终，清华大学美术学院的“祥云”方案经北京奥组委执委会批复，成为北京 2008 年奥运会核心图形。

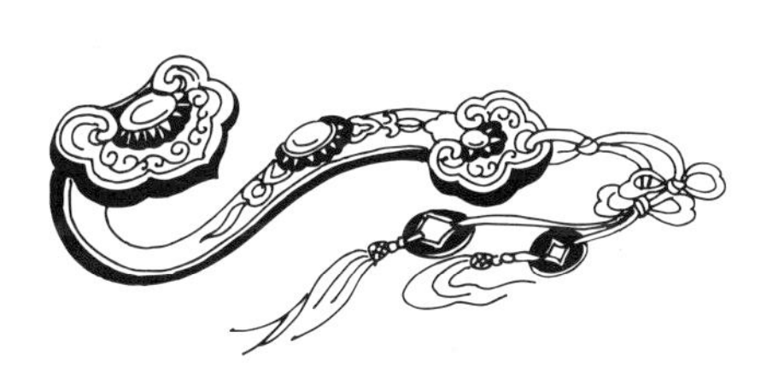

图 1

图 2

图 3

上图：“祥云”方案视觉来源：如意纹（图 1）、祥云纹（图 2）以及浑天仪（图 3）。

主图形来源于中国传统图形纹样——祥云和如意，代表着和谐美满、吉祥如意，寄托了中国人民对和谐世界的美好希望和梦想。主形寓意“连接世界的纽带”传达互动、交流、和谐的设计理念与奥运精神。

利用中国的天文仪器——浑天仪的运行原理进行色彩透叠，在表现上力求突显中国特色。

清华美院设计团队借用浑天仪设计的图形方案。

彩条折盘成圆形“祥云”图形的过程草案。清华大学美术美院设计团队将彩条折盘成圆形适合纹样，并加入祥云、如意、绶带、浑天仪等主题，背景引用中央美院设计团队的丝绸水墨光效手法。

以“祥云”为主题，中央美院设计团队尝试方形表现形式。

清华美院设计团队借用汉代云气纹风格，强化祥云的动感意象，背景图形加入浑天仪、丝绸、水墨等质感表现。在运用测试中，该图案过于喧嚣突出，不易与其他的北京奥运形象元素统一，也会干扰影响运动员比赛。

“祥云”纹样组合过程草案。由于目前艺术院校学生缺乏传统纹样的学习与训练，所以，对传统“祥云”纹样缺乏理解，纹样构成设计缺乏依据，形态显得松散无序。

2005年7月13日，关于北京2008奥运会辅助图形设计专家研讨会现场。

上图：第一套方案“永”字。

◎本方案由王子源老师根据“中国图”方案修改演化而来。

北京2008年奥运会辅助图形设计研讨会举要

［时　　间］2005年7月13日14：40

［地　　点］蓝月度假村

［与会人员］张明／何洁／王国伦／陈汉民／华健心／原博／赵健／谭平／马泉／高中羽／张彬／刘波／杭海／肖勇／林存真／王子源／胥建国／周岳／千哲／包林／丘振中

［会议主持人］何洁

［会议内容］

张明：辅助图形景观研究，8月一定要完成。前期的几十套方案经过会议讨论，专家沟通，选择了其中的几套继续完善，我们准备了关于辅助图形和体育图标的资料作一下大概的介绍。

辅助图形创作要求：

1. 体现中国和北京的特色，反映历史文化令人耳目一新。

2. 反映2008年奥运会理念与精神，营造气氛。

3. 与2008年奥运会会徽、色彩系统统一。

4 具备应用的灵活性和延伸性，适合在电视、网络、印刷品等各种媒体上应用。

何洁：我们之前经历了很长的设计过程，现在由中央美术学院和清华大学美术学院一起搭建一个合作平台，提供给组委会三个审核方案。请专家对目前的方案提供一些建议。

高中羽：第一次参加这个会，意见可能不太成熟。我认为奥运辅助图形主要运用在五大方面：场馆和环境、城市主要街区、开幕式、闭幕式等，辅助图形设计主要要突出奥运精神和民族文化，要把两者结合起来体现出来。三套方案直截了当地说，第一套"永"字方案，挖掘的意义有道理，最后呈现的视觉效果虽有书法的感觉，但主要是色块。第三套的飘带对公众来说更有中国文化，更有直观性，比色块更能呈现中国文化，相对成熟，可以再调整。建议：1. 作为底图的丝绸效果要调整，现在看起来很乱；2. 飘带单独的细节，我把它叫做月牙，要调细，与主轴有更大的区别，与主飘带的空白距离不等，不同情况下，小月牙应该可以变色，造型要更有弹性和力度。

谭平：三套方案各具特色。这三套方案中都具有丝绸这个共同元素，丝绸有三维的感觉，由于三维有所不同。第一套方案，中国图的层次比较多，稍显复杂，但分割比较方便，分解抽象图形及书法，与背景能搭配，视觉效果强烈，具有现代感，动感很强，充分体现奥运体育精神，并且应用起来比较灵活；第二套"中国韵律"来源很有特点，甲骨文的应用与会徽有所联系，丝绸与甲骨文的结合关系密切，视觉效果比较好，应用起来比较灵活，可使用的可能性非常丰富，可以应用在多种媒体，我认为第二个方案可以继续发展，同时吸取其他两个方案的可取之处。

高中羽：我提两个意见：1. 把三组图形和会徽放在一起；2. 把三组的典型应用放在一起比较一下。我建议做这两个动作，我们来看一下。

陈汉民：我认为应该从"辅助图形"这四个字出发再考虑一下。顾名思义，"辅助"是用来起配合作用，渲染气氛，设计者一定要明确"辅助图形"这四个字的定义。我认为第三套方案比较成熟，故事讲得比较完整。"中国图"分割后太过抽象，故事不完整。辅助图形的选

第二套方案“中国韵律”。

第三套方案“同一个世界 同一个梦想”。

择上要专家点头、群众鼓掌。第三套方案比较大众化，切得再小也有图案，大小都考虑了中国传统文化，绶带是中国特有的文化特色，绶带与“舞动的北京”这个概念比较和谐。

王国伦：我补充一下，绶带的含义也有系奖牌的意思，但是表现形式还有很大空间，在图形创意的独创性上可以再做文章，第二套方案选什么文字还可以再考虑。谭平教授说得非常有道理，图像处理上还可以再考虑，是不是可以结合运动项目，文字的分量可以加重。“中国图”分割后难以辨认，但是总体上动感不太突出，有动感的图形比较符合奥运理念。

包林：这几个方案的思路都很好，各有千秋，第一套很有现代感，动感很强，但在局部分割上很难感受到中国特色，第三套方案即使分割后图形还是可以给人很大的想象空间，可以想象成是飘带、云彩、花瓣、星月等，与中国文化比较贴合，不足是文化特色明显，但是欠缺与奥运运动精神的结合，能否在其中添加轻松感？现在庄重有余，轻松不足。

高中羽：第三个方案“同一个世界 同一个梦想”的切割啰嗦，要再简化。

谭平：第三套方案阴柔有余，力度不够。平面化感觉还好，但在更多的应用方面如视频应用中会有困难。在不同场合的具体应用上比较难。我认为书法一定让人认出是什么字并不是很重要，韵味比较重要。

包林：谭老师说得很有道理，始终要解决的问题是传统与现代的结合，不管是不是书法表现。第二个方案特点主要运用的是传统历史要素，但自由度方面还有不足。

杭海：建议双方可以再把方案阐述一次，同学也可以发言，与专家互动一下。

张明：之前已经阐述过方案了，不过这个建议也可以考虑。

何洁：我们今天开会的目的是，把专家的意见统一起来，来弥补我们的不足，为目的服务，不一定今天一定要有个结果。

丘振中：在座大概只有我是书法专业，看到设计师们也在这个方面努力。其实书法的意境、形象非常丰富，现在用得还不充分，应用书法元素有两个问题：语意和图形。语意在这个项目中的作用并不是很重要，线条灵动的质感比较重要，前两个方案还有可以调整的地方，永字的边缘和图形的结合还要再考虑。第二个方案没有必要把字识别得太清楚，对所有线的处理，几何形和徒手线的关系还要再考虑。几何线偏装饰，徒手线偏人文。第三套方案线和印章的边线关系不明确，水墨和印章如何结合还要再考虑，空间太平均，装饰性太强。

张明：今天请专家的目的，就是想让直接做项目的同志更清楚地看到目前存在的问题。我们的团队实力很强，再加上专家的指导，一定可以改好，目前会徽和口号都获得了成功，色彩系统也有很好的基础，看什么时候再定时间看稿。

何洁：感谢大家来参加，会议结束。

中央美院动态“祥云”核心图形方案

在清华美院“祥云”主题的基础上，中央美院林存真老师提出动态“祥云”核心图形的概念。该方案以前瞻性的观念与技术考量，对核心图形的概念予以拓展：加入时间的因素生成四维动态图形，蕴涵及传递更多的信息内容；利用静帧画面随机生成静态图形，创新核心图形的设计方法，静态图形与动态图形互补，丰富了核心图形的表现形式与运用领域。

动态“祥云”核心图形分为“行云流水”和“吉祥欢庆”两大部分。

“行云流水”由流动的线性水纹、云纹构成，以流动的诗意语言表达了体育运动中的动静之道与千变万化。“吉祥欢庆”由舞动的绶带构成，藉以表达中国特有的庆典华章的欢畅气氛。祥云，绶带是典型的中国古代吉祥纹样，而线性的图形表现形式则具有现代明快的动感特征，既表达出北京作为一个文化古都所应有的文化底蕴，又体现出现代奥林匹克运动的张力与现代气氛。线性的水纹、云纹、绶带与具有水墨、丝绸意趣的背景，水乳交融，连绵不断，是对奥运核心图形的诗意表达。动态图形的运用使得奥运场馆、城市形象景观借助新媒体技术，带给全世界的观众全新的奥运视觉文化体验。

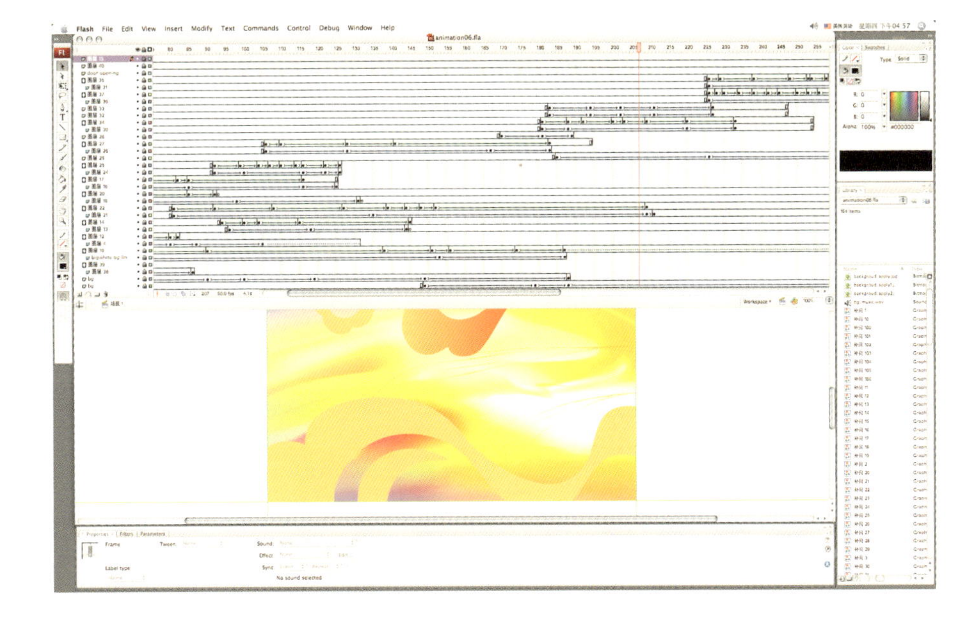

上图：动态“祥云”核心图形视觉来源：祥云、绶带、水墨、丝绸、飞天。

下图：由动态图形的静帧画面生成静态图形。

◎根据图形所应用的场馆、环境特征及实际的需要灵活地选取最为生动、合适的画面。动态图形可运用在视频、多媒体及新技术介质（如电子油墨）的应用领域 。

上图（从上至下）："行云流水"图形。"吉祥欢庆"图形。

◎动态"祥云"方案描述：以平静的行云流水作为开端，逐渐过渡到热烈的祥云绶带，色彩也由冷色调渐变为暖色调。

Beijing 2008
Beijing 2008

中央美院动态“祥云”核心图形过程方案

左页图：动态“祥云”核心图形在奥运场馆及城市街区的应用效果图。

上图：动态“祥云”核心图形的过程方案。

2006年4月，根据北京奥组委指示，中央美术学院奥运艺术研究中心开始对“祥云”核心图形的运用进行深化设计。期间，原中央工艺美术学院院长常沙娜教授对“祥云”核心图形进行修改。自此，确定了“祥云”核心图形的最终造型。

北京 2008 年奥运会核心图形深化设计阶段

“祥云”核心图形修改与深化设计阶段团队成员名单

［项目名称］“祥云”核心图形设计修改

［起始时间］2005 年 9 月至 2007 年 3 月

［项目总监］王敏

［设计总监］王敏／杭海

［主要成员］林存真／陈慰平／胡小妹／王璐／李沐泽／袁晓宇／段雅婷／王诣／吴迪／李世艺／王鑫

［项目概述］

2006 年 3 月，原中央工艺美术学院院长常沙娜教授受邀修改了“祥云”核心图形，后再经杭海副教授修改最终确认。2006 年 4 月，清华大学美术学院退出核心图形修改工作，北京奥组委要求中央美术学院奥运艺术研究中心承担后续的核心图形运用、开发工作。

中央美院设计团队开始对“祥云”核心图形进行深化设计，对核心图形的肌理、色彩、图形切割、延展运用进行反复测试，最终制定《北京 2008 年奥林匹克运动会核心图形基础使用指南》。

左页图：深化设计阶段团队成员工作照。

“祥云”核心图形的修改与调整

2005 年 8 月底，北京奥组委执委会通过了清华大学美术学院设计的“祥云”核心图形方案。之后，进入核心图形应用开发阶段。根据北京奥组委文化活动部形象景观处的安排，中央美术学院负责核心图形的场馆景观运用开发工作，清华大学美术学院负责核心图形的火炬景观系统运用开发工作。

在核心图形切割运用过程中，北京奥运会制服设计团队发现“祥云”图形的设计有缺陷，难以运用，杭海副教授建议请教原中央工艺美术学院院长常沙娜教授。2006 年 3 月，北京服装学院贺阳副教授去常沙娜教授家研究奥运制服图形设计问题，常沙娜教授表示“祥云”图形起笔松散，造型、结构都有问题，贺阳副教授遂请常沙娜教授帮助修改“祥云”图形。常沙娜教授是已故著名敦煌学家常书鸿先生的女儿，对传统纹样的研究有极深的造诣。经过常沙娜教授的修改，“祥云”图形大为改观，极具中国汉唐纹样的意趣。然而，在图形广受好评的同时，也有年轻设计师指出此纹样稍显老派，不够时尚。杭海副教授在常沙娜教授修改的基础上，根据图形运用需要再次调整祥云的图底关系，并在每朵祥云中加入白线，强化图形的动感特征，至此，“祥云”图形基本确定。

2006 年 4 月，清华大学美术学院退出核心图形修改工作，北京奥组委要求中央美术学院奥运艺术研究中心承担后续的核心图形运用开发工作。

2006 年 7 月，由于中央美术学院正值暑假，故中央空调停运，经谭平院长协调，大家搬入有独立空调设备的图书馆报告厅继续工作，工作的重心是核心图形的运用开发。期间，国际奥委会形象景观顾问布拉德·科普兰（Brad Copeland）来京指导工作，在方案讨论过程中，双方就核心图形的设计问题发生争执，工作一度陷入僵局，主要矛盾在于：布拉德·科普兰认为，常沙娜教授修改后的图形缺乏动感，要求将图形整体拉伸变形后再切割运用，而杭海副教授则认为布拉德·科普兰不理解中国传统艺术，变形后的图形像根藤蔓，完全失去祥云原有的性格与意趣，拒绝布拉德·科普兰的建议。最后布拉德·科普兰表示，如果不做修改，国际奥委会就不通过该方案。王敏院长出面做两人工作，最后达成妥协：核心图形整体主图形不变，运用于 KOP 系统的部分单用一块拉长的“祥云”核心图形，运用于 KOP 系统的拉长的“祥云”图形由杭海副教授亲自修改。与此同时，中央美院设计团队对“祥云”核心图形的色彩及肌理进行反复尝试，最终完成“祥云”核心图形的修改工作。

2006 年 10 月 23 日，国际奥委会第七次协调委员会通过了北京奥运会“祥云”核心图形设计方案。

左页图：奥运制服设计团队在常沙娜教授家里请教“祥云”图形的处理问题。

清华大学美术学院“祥云”原图

北京奥组委认为清华大学美术学院设计的“祥云”图形过于柔软，缺乏力度，清华美院设计团队遂将部分云头修改成锐角形态，却又显得过于锋利。之后又将云头的起笔改成飞白笔触，同时调整了图形结构。

早期，清华美院设计团队的过程草图。

中期，清华美院设计团队将部分云头修改成锐角形态。

之后，将云头的起笔改成飞白笔触，同时调整了图形结构。

常沙娜教授“祥云”核心图形修改草稿

2006 年 3 月，北京服装学院贺阳副教授拜访原中央工艺美术学院院长常沙娜教授，请教有关奥运制服运用“祥云”图形的问题。常沙娜教授表示，“祥云”图形不好用的原因是“祥云”图形的造型、结构都有问题，没办法。于是贺阳副教授请常沙娜教授帮助修改“祥云”原图，常沙娜教授说，“祥云”都定了，改了也不会用的。贺阳副教授说，您给改改，就当是再给我们上上课吧。于是常沙娜教授将硫酸纸蒙在“祥云”原图的黑白打印稿上，用铅笔边描边改。常沙娜教授认为“祥云”原图存在四个明显的问题：1. 祥云云头起笔松散，缺乏力度。2. 图形不是正圆，在对称与平衡上存在问题。3. 各组祥云纹之间的穿插、进退、顾盼关系不到位。4. 云朵干瘪、枯瘦。

之后，贺阳副教授将常沙娜教授的修改草图给杭海副教授看，杭海副教授认为有汉唐祥云纹的神韵，经请示王敏院长后，决定据此修改，并于 3 月 27 日，携带修改稿和贺阳副教授再次去常沙娜教授家请她做进一步修改。这次修改，基本奠定了最终“祥云”核心图形的造型。

常沙娜教授第一次修改的“祥云”手稿。

常沙娜教授第二次修改的“祥云”手稿。

矢量化处理后的实色祥云图形。

第 10 次修改稿

第 12 次修改稿

矢量化处理后的线形祥云图形。

第 11 次修改稿

第 13 次修改稿

“祥云”核心图形的后续修改

“祥云”第二次修改后，中央美院设计团队将常沙娜教授修改的草图扫描，进行矢量化处理。然而，常沙娜教授原本丰满、整体的祥云手稿图形，经由电脑处理后却显得造型有些单薄。尤其是转换为实色祥云图形时，其正负形的关系稍显欠缺。因此，为了保证“祥云”图形的图底关系及付诸实际运用时均能达到理想的效果，设计团队重点对祥云云头的处理和正负图底的空间关系，进行反复修整。

第 14 次修改稿　第 17 次修改稿　第 20 次修改稿

第 16 次修改稿　第 19 次修改稿　第 21 次修改稿

第 22 次修改稿

第 23 次修改稿

第 25 次修改稿

第 26 次修改稿

第 27 次修改稿

第 28 次修改稿

第 29 次修改稿

第 30 次修改稿

第 31 次修改稿

第 32 次修改稿

第 33 次修改稿

第 34 次修改稿

2006年7月，国际奥委会形象景观顾问布拉德·科普兰来京指导工作，他认为常沙娜教授修改后的云朵太肥厚，缺乏现代感与动感。于是，中央美院设计团队开始尝试在云朵边缘加入飞白笔触，同时调整图形的黑白关系，以期增加“祥云”图形的动感。但纳入实际运用后，依然有意见认为图形单看效果完美但实际运用则动感不够。

第24次修改稿

左页图及上图：加入飞白笔触的“祥云”核心图形。

◎因火炬传递形象景观设计与开发由奥组委火炬中心负责，因此，火炬核心图形“风穿祥云”中的云纹沿用了常沙娜教授修改的图形，并没有作进一步的修改。

第35次修改稿

2006 年 10 月，杭海副教授调整了“祥云”主图形的底图关系，并在单朵祥云纹中加入白线，以强化线性动感，使之更好地运用于后期的图形切割，至此，“祥云”核心图形造型最终确定。最终确定的“祥云”主图形也许看上去略显松散，但在实际的运用中则恰到好处。

第 36 次修改稿　第 37 次修改稿　第 39 次修改稿

第 40 次修改稿　第 41 次修改稿　第 42 次修改稿

左页图：西汉漆奁内底上的云纹，发掘于湖北襄阳擂鼓台1号墓。

上图：最终确定的“祥云”核心图形黑白稿。

“祥云”核心图形最终确定

视觉创意理念：热情、活力、文化、庆典。

如意：寓意万事如意，寄托了中国人民对美好生活的企盼和梦想。

绶带：中国式的绶带，绵延流长，寓意联结世界、携手并进。

祥云：祥云是最具中国特色的传统吉祥纹样，象征对世界的祝福。

以祥云、绶带、如意结合成动感的球形，体现“同一个世界 同一个梦想”的主题，球形是世界的象征，动感代表运动精神，吉祥纹样是美好梦想的表达。

丝绸及水墨效果的运用则创造出丰富的视觉层次和飘逸动感，体现出中国文化艺术的神韵，展现体育的活力和奥运盛典的气氛。

遵循本届奥运会人文奥运的理念，展现中国人民欢迎世界、祝福世界的热情，体现奥林匹克运动的活力与激情，并以现代的手法表现中国悠久的历史文化特色。

根据这一设计理念，我们的最终目标是以奥林匹克基本价值观为主导，以主办国和主办城市文化特色为视觉设计的基石，以创新的精神建构具有中国人文色彩、独特而又充满活力的奥运会核心图形。

左页图：清代如意灵芝纹石刻。

上图（从上至下）：“祥云”核心图形的视觉来源：祥云、如意、绶带、丝绸和书法。

◎丝绸和水墨的肌理表现出独特的中国特色和质感。

测试1
测试2

拉长的“祥云”核心图形

2006年7月国际奥委会形象景观顾问布拉德·科普兰（Brad Copeland）来中央美院指导“祥云”核心图形的设计工作。期间，布拉德·科普兰认为，常莎娜所绘“祥云”核心图形过于图案化，缺乏动感和现代感，希望将云朵横向拉长进行运用。设计团队最初在电脑中利用设计软件直接拉伸原图形，但图形变形十分严重，失去了“祥云”核心图形的原有特征，杭海副教授亲自对图形进行手绘修改，完成了拉长版“祥云”核心图形，最终运用于KOP系统。但在最后的形象景观实施中并没有使用，还是针对各种景观需求，在“祥云”核心图形原图上直接切割单元图形。

左页图：杭海副教授修改草图。团队初期尝试拼接云朵单元后直接拉伸图形，效果不佳。

上图：杭海副教授手绘拉长的“祥云”核心图形，被确认为“KOP”主图形。

方案集体评议现场，胡小妹与王捷在图形讨论会中提出修改建议与看法。

Beijing 2008

“祥云”核心图形的肌理与光效

中央美院设计团队在核心图形最初开发阶段，就已开始尝试在图形中加入丝绸和水墨的肌理效果，以增加核心图形的层次与质感。

单色核心图形调试过程中，同样加入肌理效果并进行多种层次和光影效果的尝试，但肌理层矢量化生成的文件巨大，不符合制作要求。最终的解决方法是：单色系统的图形去掉肌理层，生成矢量格式的制作文件，双色系统的图形保留肌理层，生成位图格式的制作文件。

左页图：核心图形设计初期阶段，在“祥云”图形中加入丝绸和水墨肌理效果的各种尝试。

上图：“祥云”核心图形的各种光效效果。

“祥云”核心图形的色彩设计

2005 年 7 月，中央美院、清华美院联合创作期间，“祥云”核心图形的色彩设计最初尝试沿用雅典奥运方式，做一个全色“祥云”图形，这样色彩管理与切割运用都会简化很多。但在实际运用中，中央美院设计团队发现，由于祥云有明确的图形特征，很难切割到色彩与图形都符合要求的局部图形。于是，中央美院设计团队尝试使用单色核心图形系统，即提供五个单色的核心图形，并规定在北京 2008 年奥运会比赛前期，核心图形的运用都以单色形式体现。比赛进行时期，核心图形的运用以双色形式体现。

依据北京 2008 年奥运色彩系统，“祥云”核心图形确定为五种单色：“中国红”、“琉璃黄”、“国槐绿”、“青花蓝”、“长城灰”。

左页图：“琉璃黄”单色“祥云”核心图形。

上图：“中国红”、“国槐绿”、“青花蓝”、“长城灰”四种单色“祥云”核心图形。

“祥云”核心图形单色系统

在进行多种形式的色彩尝试之后，依据北京 2008 年奥运会色彩系统，“祥云”核心图形被确定为五种单色：“中国红”、“琉璃黄”、“国槐绿”、“青花蓝”、“长城灰”。单色系统核心图形去掉了图层中的肌理层，保存为矢量格式的制作文件。

左页图：“中国红”单色“祥云”核心图形切割图。

上图：“青花蓝”、“国槐绿”、“长城灰”、“中国红”、“琉璃黄”五种单色“祥云”核心图形切割图。

“祥云”核心图形的色彩调试

为了使“祥云”核心图形在各种不同的材质与媒介上呈现出最佳的色彩效果，设计团队分别对五种单色核心图形进行了色彩数值细微变化的测试，主要对色彩的明度与透叠的方式进行不同数值的印刷打样和屏幕调试。在所有色彩调试中，红色色阶短，最难调，以下是对红色核心图形的底色层、图形层、透叠层三个层次的不同数值的测试。

左页图：“中国红”单色“祥云”核心图形的两种叠加效果。

“祥云”核心图形双色系统

2006年7月，布拉德·科普兰建议“祥云”核心图形采用双色系统，认为只有双色系统才能与雅典奥运会拉开距离，雅典奥运会形象设计总监西奥多拉·玛莎里斯（Theodora Mantzaris）也赞成使用双色系统，于是，“祥云”核心图形进入双色系统测试阶段。为了使核心图形具有传统丝绸的质感，图层加叠一层丝绸质感肌理层，色彩采用渐变形式处理，以体现中央美院团队“三维色彩”理念。

但多层核心图形透叠、丝绸与水墨肌理的添加以及色彩渐变效果使得图形色彩层次过于复杂，调图难度加大，团队曾根据以下三个标准进行了反复的颜色调整与测试：

1. 在双色渐变过程中，虽然明度与纯度下降，但保持渐变的每一部分都不出现色彩变脏。
2. 保持原有基础色相（中国红、琉璃黄、国槐绿、青花蓝、长城灰）不会因双色渐变而失去原有色彩系统的调性。
3. 在保持原有图层、肌理、色相不变与户外图像所需的高反差之间取得平衡。

同时，为了应对场馆内外的大型喷绘，提升喷绘速度，节约制作时间，团队尝试将双色系统图形色彩矢量化。但矢量化的效果很不理想，肌理层的矢量化更生成巨量文件。经王敏院长确认，双色系统图形色彩又回到位图格式，对于位图格式造成的文件容量增大的问题，杭海副教授提出核心图形运用手册中以硬盘代替光盘的预案。

多层次的色彩、肌理的微妙变化与色彩的高反差之间是矛盾的，最终中央美院团队的调试结果并没有达到北京奥组委的预期目标。

左页图及上图：“祥云”核心图形双色系统色彩调试过程稿。

北京奥组委对“祥云”核心图形色彩反差的意见

希望增大“祥云”核心图形色彩反差，是北京奥组委文化活动部一直以来的主要建议。

2006年12月11日，北京奥组委文化活动部领导来中央美术学院视察工作，听取杭海副教授对核心图形设计及KOP工具包的工作汇报。北京奥组委领导对中央美术学院奥运艺术研究中心的工作予以肯定的同时，认为核心图形存在的最主要的问题是色彩反差弱，并提出相关修改建议。

由于“祥云”核心图形采用多层透叠渐变手法，再加上肌理层，形成非常复杂而微妙的色彩变化，这样的图形用于出版物等纸面印刷尚可，一旦运用于户外大型喷绘媒介则会产生问题。大型喷绘的低分辨率很难再现微妙的色彩变化及丰富的肌理变化，势必会影响核心图形在户外环境中的清晰度与识别度。

色彩修正

文件名称	色彩	云纹	图层	尺寸	EPS	JPG
RY3-5-a	✓	✓	改变透明度	✓	✗	✗
RY3-5-b	✓	✓	改变透明度	✓	✗	✗
RY3-5-c	✓	✓	改变透明度	✓	✗	✗
RY3-5-d	✓	✓	改变透明度	✓	✗	✗
RY3-7-a	✓	✓	修改透明度	✓	✗	✗
RY3-7-b	✓	✓	修改透明度	✓	✗	✗
RY3-7-c	✓	✓	修改透明度	✓	✗	✗
RY3-7-d	✓	✓	修改透明度	✓	✗	✗
BG-4-3e	未对齐 [illegible] 修改		✓	✓	✗	✗
~~[illegible]~~	~~未对齐~~					
RY4-3d	✓	✓	✓	修改[illegible]	✗	✗
YR4-3e	未对齐	✓	✓	[illegible]	✗	✗
YR4-3c	未对齐	✓	✓		✗	✗
YR4-3a	未对齐	✓	✓		✗	✗

色彩修正

文件名称	色彩	云纹	图层	尺寸	EPS	JPG
GY-4-9-d	✓	✓	蒙板	✓	✗	✗
YG-4-9-d	✓	✓	蒙板	✓	✗	✗
RY-7-6-c	✓	✓	透明度	✓	✗	✗
RY-7-6-d	✓	✓	透明度	✓	✗	✗
BG-2-3-b	未对齐	✓	✓	✓	✗	✗
BG-2-3-c	未对齐	✓	✓	✓	✗	✗
BG-2-3-d	未对齐	✓	✓	✓	✗	✗
GB-2-3-b	未对齐	✓	✓	✓	✗	✗
GB-2-3-c	未对齐	✓	✓	✓	✗	✗
GB-2-3-d	未对齐	✓	✓	✓	✗	✗

左页图：北京奥组委文化活动部领导到中央美术学院了解核心图形的色彩调整工作。

上图：色彩修正测试表格。

◎中央美院设计团队针对核心图形层次、肌理、色彩渐变、保存格式等进行了反复的研究与测试。

“祥云”核心图形“五彩双色渐变炫色系统”

2007年3月，中央美院设计团队向北京奥组委文化活动部景观处内部设计团队正式移交核心图形及KOP工具包。一直以来，北京奥组委文化活动部认为“祥云”的色彩反差问题始终没有解决，于是内部设计团队开始对“祥云”核心图形及色彩进行修改，以适应奥运场馆及城市景观的设计需求。具体办法是去掉肌理层，重新调整图形层次及色彩调性，并将双色系统扩展至三色渐变之“五彩双色渐变炫色系统”。

左页图：中央美术学院设计团队设计的“祥云”核心图形双色系统：红黄双色、黄红双色、黄绿双色、绿黄双色、绿蓝双色、蓝绿双色。

上图：北京奥组委内部设计团队调试后的"祥云"核心图形之“五彩双色渐变炫色系统”。

1 : 1
a b c
1:2
a b c d
1:4
a b c d
1:6
a b c d
1:8
a b c d
2:3
a b c d
2:5
a b c d
2:7
a b c d
3:5
a b c d
3:7
a b c d
4:3
a b c d e
4:7
a b c d
4:9
a b c d
16:10
a b c d
7:6
a b c d
A4
a b c d e f

“祥云”核心图形的切割运用管理

“祥云”核心图形的具体运用采取按比例切割的方式，具体切割基于以下原则：

1. 切割比例要适用于绝大多数运用环境的需要。

将 1 ~ 10 所有整数比例列出：

1:1，1:2，1:3，1:4，1:5，1:6，1:7，1:8，1:9，1:10

2:3，2:5，2:7，2:9

3:4，3:5，3:7，3:8，3:10

……

经过统计分析，确定如下比例：

1:1，1:2，1:3，1:4，1:6，1:8，1:10

2:3，2:5，2:7

3:5，3:7

4:3，4:7，4:9

7:6，7:8

16:10，16:9

A4

这 20 种比例差别大，基本上覆盖所有运用领域。16:10，16:9 的比例确定，主要考虑到电视转播画面的需求。为增加使用的灵动性，满足运用过程中的实际需要，规定每种比例向内可进行 10% 的再切割，每种比例提供多至六种不同图形及色彩的“祥云”。

2.“祥云”图形切割尽可能保持“祥云”的图形特征，同一比例中不同的“祥云”图形特征要拉开距离。

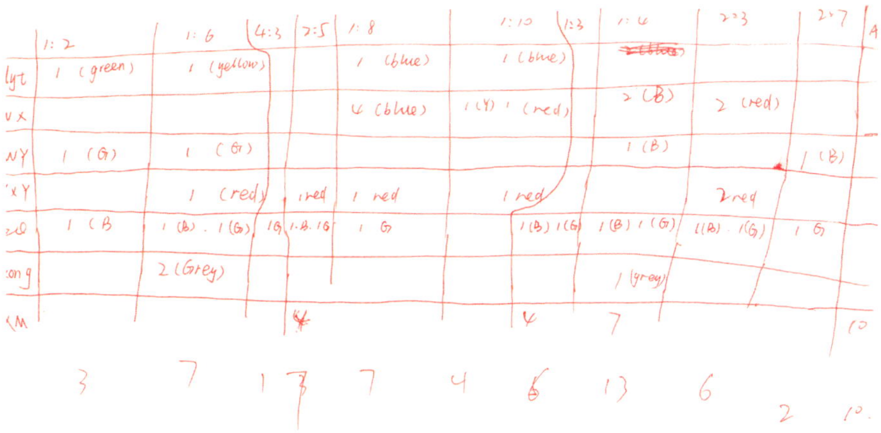

左页图：“祥云”核心图形切割比例一览。

上图：“祥云”核心图形切割比例与色彩、图形选择列表草稿。

左页图："祥云"核心图形切割示意图。

上图："祥云"核心图形切割比例示例（黄绿双色）。

2006 年 7 月，布拉德 · 科普兰来中央美术学院与王敏教授及设计团队讨论核心图形设计方案。

“祥云”核心图形的延展开发设计

为了进一步体现民族传统元素在奥运景观设计中的运用，尤其在体现文化的奥运期刊、赛时文化广场的景观中充分体现中国的视觉元素，在按比例切割的核心图形单元的基础上，中央美院设计团队尝试将核心图形与传统纹样、风筝图案、剪纸、传统建筑等元素进行结合设计，丰富核心图形的运用效果。

左页图及上图：“祥云”核心图形与传统元素的结合效果。

One World
One Dream
Beijing 2008

Beijing 2008
Beijing 2008
Beijing 2008
Beijing 2008
Beijing 2008

2007年1月，中央美术学院奥运艺术研究中心设计完成了《北京2008年奥林匹克运动会核心图形基础使用指南》，作为“祥云”核心图形基础规范手册和应用指导文件，由奥组委印制完成，向奥组委各部门及相关需求单位发送。核心图形基础规范手册包括核心图形主图形、色彩系统、核心图形的不同比例尺寸、核心图形与奥运基础形象元素的组合规范及核心图形在不同领域的应用规范，以满足奥运形象景观、奥运赞助商、特许产品开发等各种需求。

北京 2008 年奥林匹克运动会核心图形基础使用指南

核心图形是北京 2008 年奥运会重要的视觉形象元素之一，是传播奥林匹克精神和本届奥运会举办理念、传播中国文化和艺术的重要载体。核心图形是连接会徽、体育图标、吉祥物以及主题口号等奥运形象元素的纽带。在核心图形的应用过程中，要始终将核心图形所体现的中国文化和环境的特征考虑在内。

为了保证北京 2008 年奥运会核心图形的权威性、严肃性和一致性，尊重、保护和提升北京 2008 年奥运会的形象价值，根据国际奥委会的规定和历届奥运会惯例，北京奥组委形象与景观部门通过制定本指南对核心图形的基本标准与应用作出了规范。任何获权使用核心图形的机构或个人都必须严格执行本规范，任何机构和个人都无权在未得到北京奥组委授权的情况下修改核心图形，因为任何不符合本规范的使用都有可能对北京 2008 年奥运会的形象造成损害。

北京奥组委文化活动部形象景观处是北京 2008 年奥运会形象元素设计开发和设计应用质量管理部门。

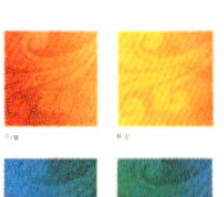

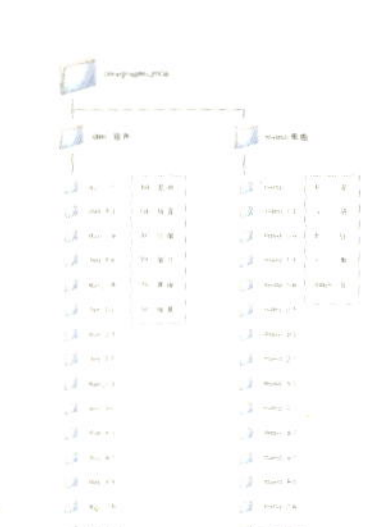

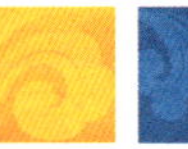

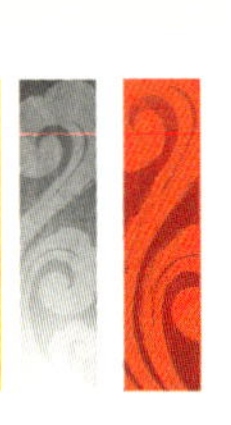

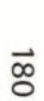

23 八月
Aug.
OFH OLV IBC
56R
TONG TONG
OLV IBC

北京 2008 年奥运会门票及注册卡设计

［项目名称］北京 2008 年奥运会门票及注册卡设计

［项目总监］王敏

［设计总监］杭海

［主设计师］张强／杭海

［小组成员］林存真／胡小妹／袁晓璐

［项目概述］

北京 2008 年奥运会系列门票设计以体育图标、鸟巢、核心图形等元素构成，门票信息设计充分考虑到公众的识别需求及作为重要奥运纪念品的观赏性与收藏价值。北京 2008 年奥运会门票集成了电子和物理等多重防伪技术，其中包括防伪芯片、胶印微缩文字、动感全息开窗安全线、全息脱铝防伪技术等。

最初门票设计拟根据 35 个单项体育项目分别设计 35 种体育纪念票，旨在强化全套体育纪念票的艺术性与收藏价值。但国际奥委会票务专家及北京奥组委票务中心却对此提出异议，建议只采用一种通用票样，理由是都灵冬奥会曾采用不同项目用不同票样的设计方案，表面看多样化，有艺术效果，但实际操作时，在门票分拣与寄发过程中造成工作量与差错率的剧增，协商的结果是从实际出发，遵从票务部门的意见。

门票设计要符合以下五项基本功能

1. 与北京 2008 年奥运会整体形象景观系统相统一并符合国际奥委会相关规定或惯例。
2. 通行凭证：观众凭借门票进入比赛场馆。
3. 路径指引：门票上有引导观众在短时间内找到座位的信息。
4. 法律条款：规定门票销售和使用的全部重要法律条款。
5. 收藏品：通常由观众在赛后作为纪念品收藏。

北京 2008 年奥运会身份注册卡是鉴别与奥运事务相关的人员身份的重要证件，通过注册卡上的信息设计，标注不同级别与种类的人员在奥运会中所担负的角色、职位以及被授予的相关权限，以方便各类人员在规定的区域或地点履行相关职责。

左页图：张强与袁晓璐在研究奥运注册卡设计。

日期/时间
2008年8月
20:00
08 日
08
Date/Time
Aug.2008
20:00
奥林匹克场馆：鸟巢
Beijing National Stadium Olympic Sport Complex
¥100
排 球
Volleyball
Beijing 2008
000
门 Gate 000
过道 Aisle 000
排 Row 000
座位 Seat 000
奥林匹克场馆：鸟巢
Beijing National Stadium Olympic Sport Complex
门 Gate 0
排 Row 0
过道 Aisle 0
座位 Seat 0
000

日期/时间
2008年8月
20:00
08 日
08
Date/Time
Aug.2008
20:00
奥林匹克场馆：鸟巢
Beijing National Stadium Olympic Sport Complex
¥100
花 样 游 泳
Synchronized Swimming
Beijing 2008
000
门 Gate 000
过道 Aisle 000
排 Row 000
座位 Seat 000
奥林匹克场馆：鸟巢
Beijing National Stadium Olympic Sport Complex
门 Gate 0
排 Row 0
过道 Aisle 0
座位 Seat 0
000

日期/时间
2008年8月
20:00
08 日
08
Date/Time
Aug.2008
20:00
奥林匹克场馆：鸟巢
Beijing National Stadium Olympic Sport Complex
¥100
马 术
Equestrian
Beijing 2008
000
门 Gate 000
过道 Aisle 000
排 Row 000
座位 Seat 000
奥林匹克场馆：鸟巢
Beijing National Stadium Olympic Sport Complex
门 Gate 0
排 Row 0
过道 Aisle 0
座位 Seat 0
000

日期/时间
2008年8月
20:00
08 日
08
Date/Time
Aug.2008
20:00
奥林匹克场馆：鸟巢
Beijing National Stadium Olympic Sport Complex
¥100
手 球
Handball
Beijing 2008
000
门 Gate 000
过道 Aisle 000
排 Row 000
座位 Seat 000
奥林匹克场馆：鸟巢
Beijing National Stadium Olympic Sport Complex
门 Gate 0
排 Row 0
过道 Aisle 0
座位 Seat 0
000

左页图及上图：门票过程方案，使用单项体育图标与核心图形相结合设计。

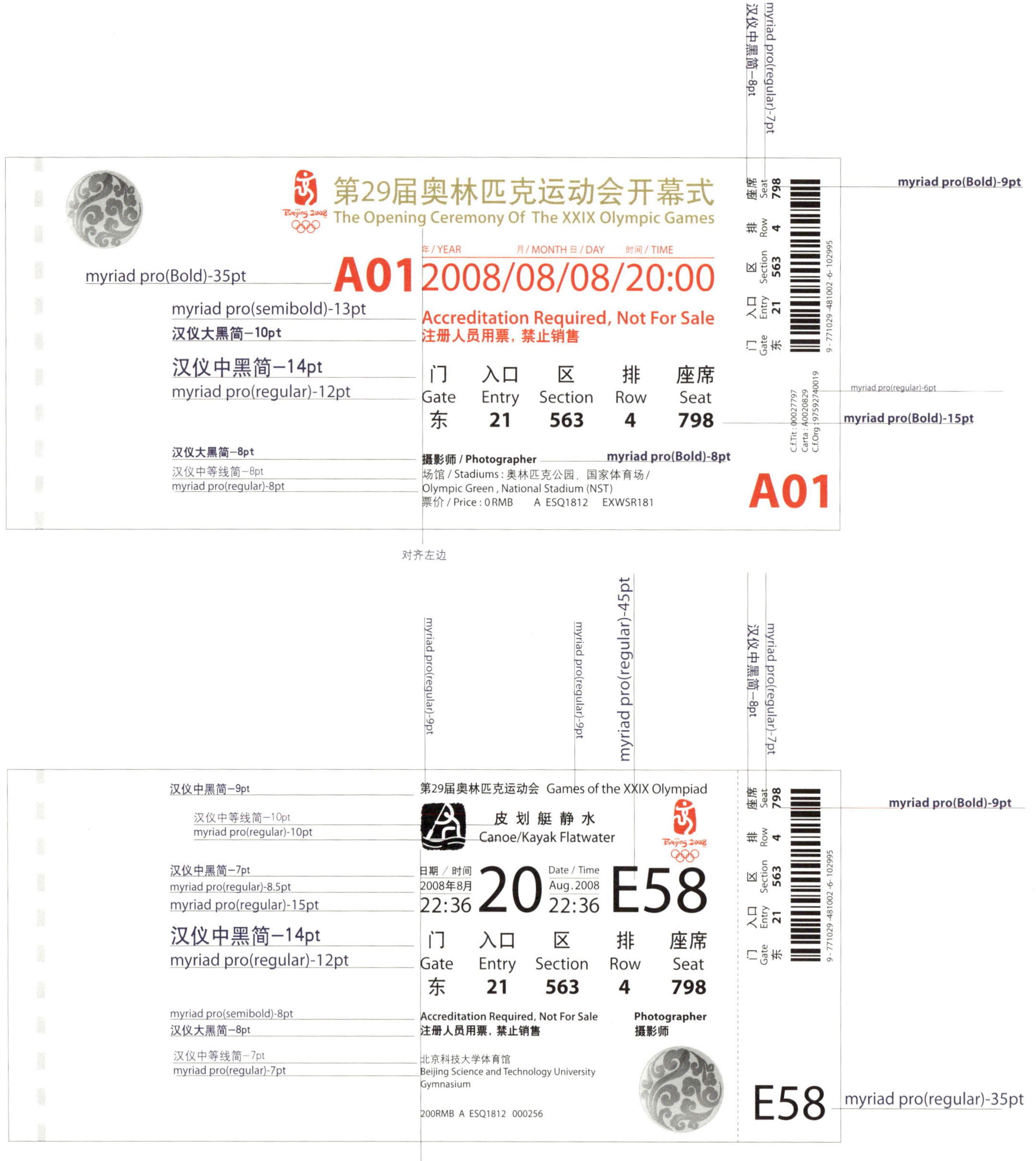

© Myriad Pro：北京2008年奥运会门票设计所用字体。

pt：磅，设计所用字号的计量单位。

北京 2008 年奥运会门票设计

北京 2008 年奥运会门票设计规划初期曾考虑充分运用 RFID 技术，将门票持有者的照片嵌入在电子信息中，有利于防伪、防倒票及安全，奥组委对于具体操作都做了充分研究，但与没有被采用的全套体育纪念票的设计一样，照片的运用会带来巨大工作量，最后没被采用。在开幕式的门票设计过程中同样考虑过运用照片的可能，最后也没有采用。奥运门票不同于普通的一场戏票，或是一场篮球赛的门票，由于要考虑到众多的因素，所以要求设计师要充分考虑功能性，功能与使用的合理性、易用性是第一重要的。

第29届奥林匹克运动会 Games of the XXIX Olympiad

皮划艇静水
Canoe/Kayak Flatwater

日期 / 时间 2008年8月 22:36 **20** Date / Time Aug.2008 22:36 **E58**

门 Gate	入口 Entry	区 Section	排 Row	座席 Seat
东	21	563	4	798

场馆 / Stadiums : 北京科技大学体育馆 / Beijing Science and Technology University Gymnasium

票价 / Price : 5000RMB A ESQ1812 EXWSR181

门 Gate 东 入口 Entry 21 区 Section 563 排 Row 4 座席 Seat 798

9 - 771029 -481002 -6 -102995

C.f.Tit : 00027797
Carta : A0020829
C.f.Org : 97592740019

E58

第29届奥林匹克运动会 Games of the XXIX Olympiad

篮球
Basketball

日期 / 时间 2008年8月 20:00 **10** Date / Time Aug.2008 20:00 **N65**

入口 Entry	区 Section	排 Row	座席 Seat
4	101	11	8

Accreditation Required, Not For Sale
注册人员用票，禁止销售

Photographer
摄影师

北京奥林匹克篮球馆
Beijing Olympic Basketball Gymnasium

BK06 000256 NPU

入口 Entry 4 区 Section 101 排 Row 11 座席 Seat 8

7710 2968

N65

第29届奥林匹克运动会 Games of the XXIX Olympiad

日期 / 时间 2008年8月 22:36 **20** Date / Time Aug.2008 22:36 **E58**

门 Gate	入口 Entry	区 Section	排 Row	座席 Seat
东	21	563	4	798

皮划艇静水
Canoe/Kayak Flatwater

场馆 / Stadiums : 北京科技大学体育馆 / Beijing Science and Technology University Gymnasium
票价 / Price : 200RMB A ESQ1812
EXWSR181 - 014 - 1 -88 - 08AUG 22:36 WED 900 NST

门 Gate 东 入口 Entry 21 区 Section 563 排 Row 4 座席 Seat 798

9 - 771029 -481002 -6 -102995

C.f.Tit : 00027797
Carta : A0020829
C.f.Org : 97592740019

E58

左页图（从上至下）：北京2008年奥运会比赛门票设计。北京2008年奥运会比赛门票设计（注册人员用票）。北京2008年奥运会热敏门票设计。

上图（从上至下）：北京2008年奥运会开幕式门票设计。北京2008年奥运会闭幕式门票设计。

Games of the XXIX Olympiad Jeux de la XXIXe Olympiade
Beijing 2008
Ac
TONG TONG
COMMUNICATION
P. R. CHINA
1234567-01
PEA OG
OFH OLV IBC
MPC MOC UAC BHQ
O
OFFICIAL STAND
2456 R

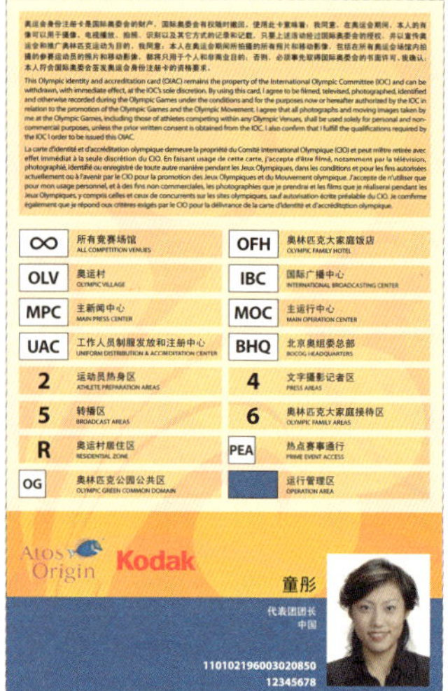
OFH
OLV IBC
MPC MOC
UAC BHQ
2 4
5 6
R PEA
OG
Kodak
童彤
110102196003020850
12345678

Games of the XXIX Olympiad Jeux de la XXIXe Olympiade
23 八月 Aug.
一日卡 Day Pass
Beijing 2008
TONG TONG
COMMUNICATION
P. R. CHINA
1234567-01
PEA OG
OFH OLV IBC
MPC MOC UAC BHQ
O
OFFICIAL STAND
2456 R

OFH
OLV IBC
MPC MOC
UAC BHQ
2 4
5 6
R PEA
OG
Kodak
童彤
110102196003020850
12345678

Games of the XXIX Olympiad Jeux de la XXIXe Olympiade
U 升级卡 Upgrade Pass
无身份注册卡无效
Not valid without accreditation pass
注册
ACCREDITATION
Beijing 2008
1234567-01
OFH OLV IBC
MPC MOC UAC BHQ
O
OFFICIAL STAND
2456 R

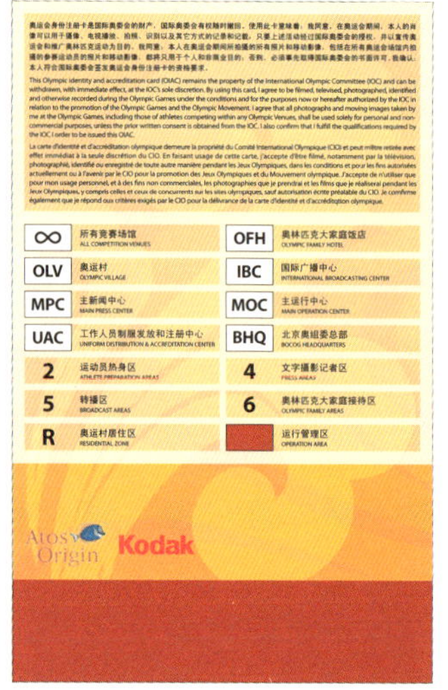
OFH
OLV IBC
MPC MOC
UAC BHQ
2 4
5 6
R
Kodak

Games of the XXIX Olympiad Jeux de la XXIXe Olympiade
Beijing 2008
WKF
TONG TONG
COMMUNICATION
P. R. CHINA
1234567-01
PEA OG

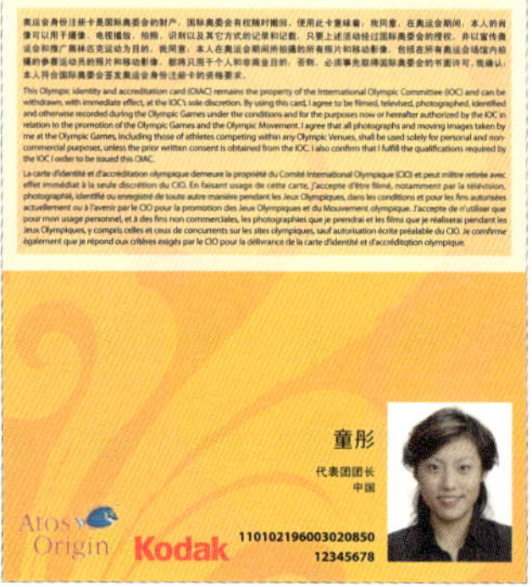
童彤
Kodak
110102196003020850
12345678

北京 2008 年奥运会注册卡设计

奥运注册卡系统用于管理参与奥运会事务的各类人群，同时也是奥运安保系统的重要组成部分。奥运注册卡设计以祥云核心图形为主要图案，以底部的红、蓝、白三色色彩进行类别分类，在强调信息设计功能的同时，具有必要的防伪功能。

奥运会身份注册卡的设计与使用历来为国际奥委会所重视，奥运会举办期间与筹备期间有大量参与奥运的人员出入奥运相关场所，要确保奥运有序、安全进行，必须将参与奥运的人员进行分类、分级别管理，因而身份注册卡的作用十分重要。历届奥运会都将经验与知识传承下去，我们设计中所用的分类方式使用了以往奥运会的经验，清晰、细致、系统。奥运之后北京世界设计大会、北京设计周都借用了奥运会身份注册卡的设计方法。

身份注册卡的设计与其他奥运项目一样，经历了漫长、复杂的审批过程，在最后一次由王敏教授向奥组委领导汇报的过程中，刘淇、陈至立、刘敬民、王伟等人对注册卡的防伪图形又作了仔细的审核，那已是第四次汇报。

左页图（从上至下）：北京 2008 年奥运会注册卡设计、北京 2008 年奥运会日卡设计、北京 2008 年奥运会升级卡设计、北京 2008 年奥运会组合卡设计。

上图：北京 2008 年奥运会注册卡信息设计。
© Myriad Pro、Gill Sans MT、Verdana: 北京 2008 年奥运会注册卡设计所用字体。pt: 磅，设计所用字号的计量单位。

同一个世界 同一个梦想
One World One Dream
Beijing 2008

北京 2008 年奥运会制服设计

奥运制服设计是北京奥运会形象景观的重要组成部分，有助于传播奥林匹克精神和本届奥运会举办理念，展示中国文化，激发奥组委工作人员和志愿者的自豪感和奉献奥运的激情，是奥运会筹备举办期间一道独特的流动风景线。

中央美术学院、清华大学美术学院及北京服装学院三家单位参与了奥运制服设计竞赛，最终北京服装学院贺阳副教授的方案中标，之后中央美院设计团队的胡小妹及吴颜同学配合制服团队进行制服印前制作的图形处理与工艺测试，获得圆满效果。

北京 2008 年奥运会制服分为三类，即工作人员制服、技术官员制服以及志愿者制服，分别用红色、灰色和蓝色三种色彩加以区别。制服设计以“行云流水”为主题，强调行云流水般华丽的图形感受，具有强烈、明快、富于冲击力的运动风格，营造出热情、欢乐、亲切的氛围。制服图形延续了“祥云”核心图形的视觉意象并加以改进，具有中国传统的美学意境以及祥和的运动气氛，色彩亮丽，活泼大方，有效地区别于往届奥运会的制服设计。

制服材料采用透气导湿、保型良好的健康环保面料，使着装者穿着舒适。通过合理的功能设计与规划，满足不同类别人员的着装功能需求，同时具有良好的可识别性，便于管理，满足奥运会活动和赛事服务的需求。

奥运制服使着装者感到肩负的使命，与奥林匹克紧密联系在一起，成为奥林匹克大家庭中的一员。

左页图：国家体育馆观众入口处身着奥运制服的志愿者。

Beijing 2008

奥运制服设计分类

设计分类

组委会工作人员制服：

短袖 T 恤、夹克衫、长裤 / 短裤、帽子、腰包、水壶。

志愿者制服：

短袖 T 恤、夹克衫、长裤 / 短裤、帽子、腰包、水壶。

技术官员（裁判员）制服：

短袖 T 恤、夹克衫、长裤 / 短裤、帽子、腰包、水壶。

注：根据工作职能的不同如交通服务、媒体服务、医疗服务和安全服务等类别，制服设计上采用不同颜色的袖标加以区分。

设计特点

图案：图案沿用北京 2008 年奥运会“祥云”核心图形，具有行云流水般的中国传统美学意境以及祥和、热烈的运动气氛。

造型：款式结构简单、经典，最大限度地突出了核心图形的特征，图案和标识的安排醒目、时尚，整体设计与北京 2008 年奥运会形象景观协调一致。

色调：红色、灰色和蓝色具有明确的识别性。红色热情、喜悦；蓝色平和、亲切；灰色冷静、高贵。

功能：高科技导湿、防皱面料提升着装者的舒适感受，色彩分类易识别。

时间进程

2005 年 12 月，奥运会、残奥会制服设计项目启动。

2006 年 6 月，北京服装学院设计的平面效果图方案，从 200 多个设计方案中脱颖而出，通过了北京奥组委执行委员会的审议。

2006 年 7 月，开始标准号型样衣版型设计。

2006 年 8 月 ~ 2007 年 2 月，标准号男女样衣经过 12 轮修改后确认。

2007 年 1 月，赴台湾进行数码印花的颜色调试、测试。

2007 年 3 月，男女全尺寸样衣确认。

2007 年 3 月 30 日，奥运会、残奥会制服设计方案通过了奥组委执行委员会的审议。

2007 年 8 月 30 日，奥运会、残奥会制服设计方案通过了国际奥委会的审批。

2007 年 9 月，赴广东进行大批量生产热升华技术印花的颜色调试、测试。

2008 年 1 月 20 日，北京 2008 年奥运会、残奥会制服发布在中国人民大学举行。

左页图（从上至下）：奥运制服设计效果图（工作人员、志愿者、技术官员制服）。

Beijing 2008
Paralympic Games
Beijing 2008
Paralympic Games

奥运会田径赛场的实景照片。

3019
4
6
9

第三章　北京2008年奥运会KOP形象景观工具包设计

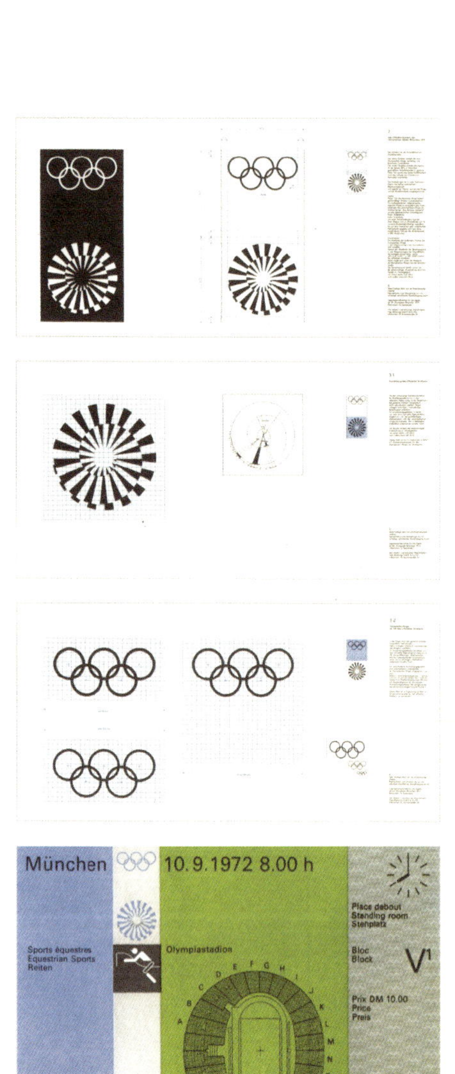

Spiele
der XX.
Olympiade
München
1972

München 1972

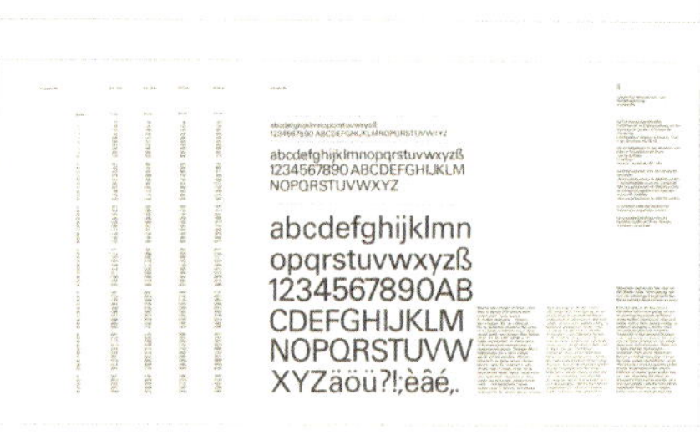
abcdefghijklmn
opqrstuvwxyzß
1234567890AB
CDEFGHIJKLM
NOPQRSTUVW
XYZäöü?!;èàé,.

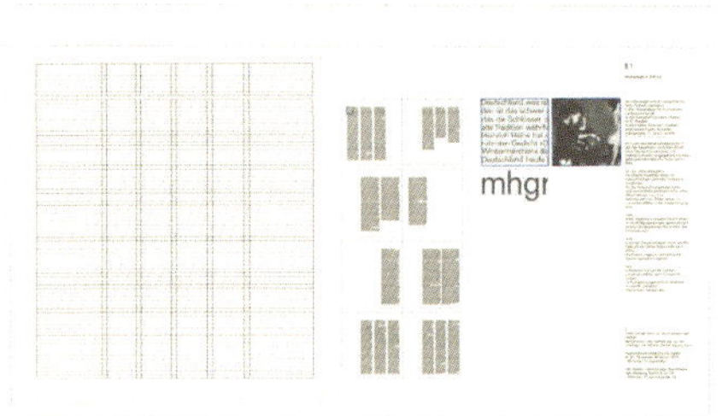
mhgr

München
10.9.1972 8.00 h
Sports équestres
Equestrian Sports
Reiten
Olympiastadion
Place debout
Standing room
Stehplatz
Bloc
Block
V1
Prix DM 10.00
Price
Preis
69850
181016

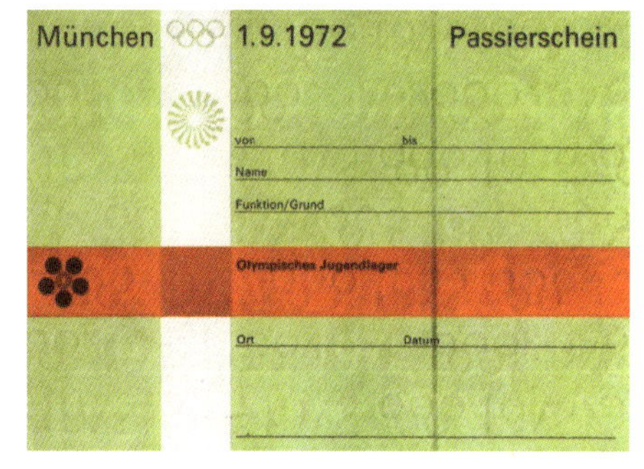
München
1.9.1972
Passierschein
von
bis
Name
Funktion/Grund
Olympisches Jugendlager
Ort
Datum

Erlaubnis für nebenstehendes KFZ
zum Befahren des Olympiaparks
durch die angegebene Torgruppe und
zum Parken auf den angegebenen
Parkplätzen in der Zeit vom 1.8. bis
10.9.1972.
Organisationskomitee für die Spiele
der XX. Olympiade München 1972
Straßenverkehrsbehörden
I.A. Goedecke
I. A. Stolz, Verw.-Dir.

24 25 21
28
31 31
31 32
32
32
Nr. 2326 D

Ὀλυμπιακή 1972
Λαμπαδηδρομία

3:00
000.0
ARARARARAR ARA

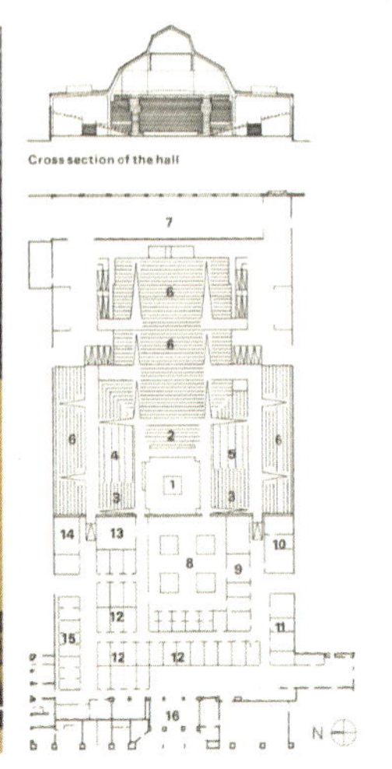
Cross section of the hall

奥运会形象景观系统与 KOP 工具包

景观（Look）+ 形象元素（Image）= 奥运形象景观系统

纵观奥运会的历史，自 1964 年东京奥运会首次出现了形象景观系统的概念，直到 1972 年慕尼黑奥运会才真正将系统设计的概念付诸奥运形象景观设计实践，在德国乌尔姆学院的奥托·艾舍尔（Otl Aicher）教授领导下，初步形成了系统的奥运形象景观设计模式及实施办法。1984 年洛杉矶奥运会首次出现商业活动与奥运形象景观系统的结合模式，奥林匹克品牌形象系统与奥运商业运作之间的互动关系就此启动。1997 年，国际奥委会为了确保奥运形象景观在所有环境中的视觉统一，启动了 OGIP（The Olympic Game Identification Project）计划，该计划为新一届奥运举办城市的形象景观设计团队提供必要的方便和授权去参观往届奥林匹克体育场馆，通过直接拜访往届奥运形象景观设计者的方式，从中获得必要的设计方法，并在景观安装方法和选择景观供应商方面获得宝贵的经验。一年以后，第一届奥林匹克设计大会在雅典举行，全球超过 300 名设计师参加了大会，大会的主要议题之一就是如何让 OGIP 计划运用到雅典 2004 年奥运会形象景观设计之中。雅典作为第一个受惠于 OGIP 行动计划的奥运会，在西奥多拉·玛莎里斯领导下，设计团队与国际奥委会密切合作，通过六年的勤奋工作，最终呈现的雅典奥运形象设计高度统一，确保了奥林匹克形象识别策略有效地应用到所有奥运场馆以及主办城市的环境中去，成为奥运形象设计史上的里程碑。雅典奥运形象设计作为成功范例，给北京 2008 年奥运会设计团队以极大的启发与帮助。

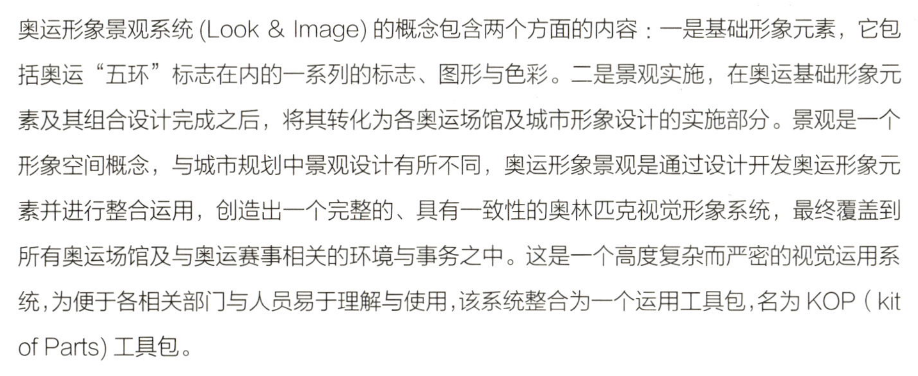

奥运形象景观系统 (Look & Image) 的概念包含两个方面的内容：一是基础形象元素，它包括奥运“五环”标志在内的一系列的标志、图形与色彩。二是景观实施，在奥运基础形象元素及其组合设计完成之后，将其转化为各奥运场馆及城市形象设计的实施部分。景观是一个形象空间概念，与城市规划中景观设计有所不同，奥运形象景观是通过设计开发奥运形象元素并进行整合运用，创造出一个完整的、具有一致性的奥林匹克视觉形象系统，最终覆盖到所有奥运场馆及与奥运赛事相关的环境与事务之中。这是一个高度复杂而严密的视觉运用系统，为便于各相关部门与人员易于理解与使用，该系统整合为一个运用工具包，名为 KOP（kit of Parts) 工具包。

KOP 工具包旨在整合北京 2008 年奥运会的所有形象元素，对形象元素的运用领域进行系统分类，并在各种运用领域中研究、测试它们的组合方式与运用方式，最终制定北京 2008 年奥运会形象景观的基本使用规范。

KOP 是北京 2008 年奥运会形象景观设计的运用工具包，是一个用于规范奥运整体形象景观的执行系统，该系统设计以奥运形象元素的运用管理为基础，其目的是排列组合所有形象元素，将奥运所有形象元素置于相互影响和相互关联的关系之中，形成统一有序的奥运形象景观系统，运用于各个奥运场馆的景观设计与实施之中。

KOP 工具包提供包括核心图形、会徽、体育图标、吉祥物、口号等奥运基础形象元素在奥运场馆内外及城市景观中的组合运用规范，使奥运形象在实际运用中呈现较强的连续性与统一性。KOP 工具包中除基础规范外，还提供多样化的元素组合选择，以满足不同场馆和景观的实际需求。大至各竞赛场馆和非竞赛场馆内部及外部景观设计方案的设计与实施，小至奥运体育器材景观的设计与实施，都必须遵循 KOP 工具包的基础规范进行深化设计与实施。

左页图：1972 年慕尼黑奥运会的形象系统设计。　　右上图：雅典奥运会场馆照片。

2006年12月26日，形象景观工作研究会议在北京奥运大厦406室召开，杭海副教授介绍了KOP的设计整合管理系统。

前期 KOP 工具包设计阶段

在“祥云”核心图形的修改过程中，国际奥委会形象景观专家提议在核心图形设计开发的同时，考虑 KOP 工具包的规划设计，核心图形的切割比例与 KOP 工具包的运用息息相关。

2005 年 11 月，北京奥组委文化活动部正式提出以核心图形研发为基础，启动 KOP 工具包的设计研究工作，即在核心图形开发的基础上，以奥运场馆的通用情况为基础，开展 KOP 标准的规划与设计，开发旗帜、围挡、路障装饰物、新闻发布会背板、看台饰条、临时看台装饰、墙体、计分牌和显示屏、海报等通用设计的运用标准与设计方案，制定通用规范。

中央美院设计团队通过对历届奥运会形象景观的深入分析和了解，针对北京 2008 年奥运会各运用环境中的景观实际需求做了初步规划：

1. 基础元素的使用原则：场馆内以体育图标为主，场馆外和城市内以吉祥物为主。

2. 根据 KOP 的需要，对核心图形重新进行比例切割或祥云元素的重构组合，对各种比例的核心图形单元进行分类测试。

3. 按照赛前期和赛时期的时间表，由简洁到丰富，由单色到双色，逐步推出各种色彩的核心图形，营造奥运形象景观氛围。

2006 年 8 月，核心图形的造型最终确定，开始启动 KOP 工具包的深入开发工作。这一阶段主要根据 KOP 工具包的具体需求，进行核心图形的比例切割及图形与基础形象元素组合的开发设计工作。杭海副教授特别为 KOP 工具包设计了拉长版“祥云”图形，主要运用于围挡和旗帜等载体上。

在此期间，国际奥委会专家提出，由于雅典奥运会大量使用单色反白的“五环”标志，弱化了全色“五环”标志，要求在北京 2008 年奥运会形象景观中重点突出全色“五环”标志。根据这一要求，中央美院设计团队在核心图形中加入“飞白”效果，以白底凸显全色“五环”标志，同时将双色核心图形系统运用到 KOP 的设计开发之中。

经过对历届奥运会 KOP 工具包和北京奥运会形象景观的具体需求的研究，在多次实际测试的基础上，中央美院设计团队基本确定了 KOP 工具包中奥运会形象元素的组合关系及其运用原则。

KOP 形象景观工具包中奥运形象基础元素的运用原则：

1. 奥运会五环：主要用于贵宾通道，重点节点，竞赛区域（FOP）。

2. 奥运会会徽：主要用于重要会议、重点景区、重要节点，突出其代表北京 2008 年奥运会的重要性。

3. 吉祥物：主要用于城市景观系统，包括文化中心、商贸中心、旅游中心以及赛前相关活动。

4. 二级标志：主要用于志愿者活动、绿色奥运项目活动和奥运文化活动。

5. 体育图标：用于各竞赛场馆、训练场馆、奥运村。

6. 主题口号：“同一个世界 同一个梦想”，用于新闻中心、非竞赛场馆、场馆公共区、城市景观。

7. 色彩系统：红色、白色是北京 2008 年奥运会的象征，绿色象征绿色奥运、蓝色象征科技奥运、黄色象征人文奥运。白色和红色主要用于重要场合，绿色用于城市公共环境设施、蓝色主要用于设备设施、黄色用于注册卡、宣传册以及文化活动场所。

8. 核心图形：是运用最广泛的基础图形，用于旗帜、围挡、景观饰物、背景板、交通工具、公共设施等。

9. 官方海报：用于宣传自然风光、人文景观、民族文化，传递中国“以人为本、和谐发展”的理念，主要用于赛前奥运宣传和赛时的文化展示。

10. 官方图片：结合核心图形应用于各场馆与城市景观中。

2007 年 1 月 20 日，布拉德 · 科普兰与奥组委形象景观实施处副处长马晓芳来中央美院讨论 KOP 工具包设计。

One World One

北京 2008 年奥运会 KOP 工具包前期设计团队成员名单

［项目名称］北京 2008 年奥运会 KOP 工具包设计

［起始时间］2005 年 11 月至 2007 年 3 月

［项目总监］王敏

［设计总监］杭海

［团队成员］林存真／陈慰平／胡小妹／王捷／王璐／李沐泽／李平／王兮／孟洁／吴迪／隋欢／鲁璐／万力

［项目概述］

2005 年 11 月，在“祥云”核心图形设计完成之后，北京奥组委开始将 KOP 工具包的框架设计加入到核心图形的深化设计过程之中。2006 年 2 月，中央美院设计团队进入 KOP 形象景观工具包前期设计阶段，初步研讨了 KOP 工具包设计的整体思路，对奥运场馆内外部景观和城市景观进行初步规划，将奥运形象景观分为赛前与赛时两个实施阶段。团队测试了在 KOP 环境下奥运核心图形的切割运用及图形与奥运基础元素的组合关系与分类标准，形成早期的 KOP 工具包设计方案。

2006 年 3 月 14 日，中央美院设计团队向北京奥组委文化活动部提交了 KOP 工具包草案。

2006 年 8 月，国际奥委会形象设计总监布拉德 · 科普兰来京，在中央美术学院奥运艺术研究中心与团队共同研究 KOP 工具包中的核心图形色彩开发事宜，最终确定双色渐变为主要色调。

2006 年 8 月，为在核心图形上使用全色“五环”标志，决定核心图形在场馆应用时，使用飞白渐变效果，设计团队与 BOB 转播商合作，测试飞白渐变的拍摄效果。

2006 年 11 月，设计团队研究 KOP 工具包所需的各个形象基础元素及组合分类。

2006 年 12 月，雅典奥运设计总监西奥多拉 · 玛莎里斯来京指导 KOP 工具包的设计工作。

2006 年 12 月，KOP 工具包应用指南开始编制，重点设计围挡和旗帜部分。

2006 年 12 月 26 日，北京奥组委形象景观工作研究会议在北京奥运大厦 406 室召开，听取杭海副教授对 KOP 工具包设计方案的汇报。在此会议上，北京奥组委领导对中央美院设计团队的工作给予了高度认可，认为 KOP 工具包的设计开发工作取得了阶段性的成果，在元素整合和系统性管理方面有了较大的突破。因为 KOP 工具包的规范需满足各相关部门的需求，所以还需综合各部门的意见进行完善，最终要以实际的场馆应用需求与实际效果为考量重点。

2007 年 1 月 17 日，中央美院设计团队在五洲大酒店向国际奥委会专家汇报 KOP 工具包设计方案。

2007 年 1 月 18 日，中央美院设计团队听取 BOB 转播商对 KOP 工具包设计的建议。

2007 年 3 月，考虑到残奥会转换期的问题，设计团队把残奥会 KOP 工具包的设计列入工作范围。

2007 年 3 月，中央美院设计团队正式完成 KOP 工具包手册，将 KOP 工具包手册转交北京奥组委内部设计团队。

Beijing 2008
One World One Dream
Beijing 2008
One World One Dream
Beijing 2008
One World One Dream
Beijing 2008
Beijing 2008
One World One Dream
Beijing 2008
Beijing 2008
One World One Dream

图1

图2

KOP 工具包形象元素组合与通用设计类别

【一】基础元素
会徽“中国印”
“Beijing 2008”
主题口号的字体规范
奥运五环
“Beijing 2008”与奥运五环的组合方式
官方图片
核心图形
【二】旗帜
五环旗帜（实底背景）
“Beijing 2008”旗帜
（实底背景与核心图形背景）
主题口号旗帜（核心图形背景）
庆典旗帜（核心图形背景）
会徽“中国印”旗帜
（分实底背景与核心图形背景）
（竖式旗帜比例为1:4)
（旗帜需规定组合方式）
【三】场馆围挡（横向系列）
基本元素：
“Beijing 2008”，奥运五环，核心图形。
排列方式分：建议排列方式A,B
可选排列方式A,B
具体排列方式为2~4单元间隔式排列
A板围挡
【四】半人高路障
基本元素：
“Beijing 2008”，奥运五环，核心图形。
排列方式分：建议排列方式A,B
排列方式分：建议排列方式A,B
（排列方式或色彩等须与场馆围拦区别）
【五】等人高围挡
基本元素：
“Beijing 2008”，奥运五环，主题口号，吉祥物
【六】入口招牌
基本元素：“Beijing 2008”，奥运五环。
实底单色系列
FOP入口招牌（以色彩区别）
【七】观众出入口
基本元素：核心图形，奥运五环。
【八】现场报道
基本元素：“Beijing 2008”，奥运五环。
【九】computer covers on FOP（竞赛区域电脑遮罩）
基本元素：会徽中国印，单色。
【十】媒体会议背景
（2.2x6,2.2x3）
讲台，桌布，麦克风装饰
【十一】告示牌
基本元素：单项体育图标，名称，核心图形，会徽中国印。
【十二】电子屏
A: 奥运场馆专用
基本元素：“Beijing 2008”，奥运五环，核心图形。
主要是电子屏边框设计。
B: 奥运场馆与残奥场馆共用
基本元素：“Beijing 2008”，核心图形。主要是电子屏边框设计。
【十三】招贴
正面为核心图形，图片（文化，人民，自然等），主题口号，奥运网址。
背面为会徽中国印。
提供三种形式。
【十四】足球围挡
基本元素：“Beijing 2008”，奥运五环，核心图形，主办城市名称。
足球旗帜
【十五】临时库房
【十六】颁奖台背景
基本元素：会徽中国印，“Beijing 2008”，奥运五环，核心图形。
颁奖站台设计
【十七】kiss & cry zone（家属会见区）
【十八】混合地带及运动员进出口建议设计
基本元素：
“Beijing 2008”，奥运五环，核心图形，单项体育图标。
【十九】摄像台
基本元素：“Beijing 2008”，核心图形。
【二十】赞助商围挡
基本元素：“Beijing 2008”，核心图形，赞助商名称或标志。
排列方式：2~3个赞助商标志为间隔单位。

左页图：围挡设计（图1）和旗帜设计（图2）。
◎ A板围挡：主要用于FOP区域，侧面为A字型的围挡，易于在场馆内搬运组合。
等人高围挡：又称为安保围挡，主要用于场馆外，起到隔离场馆与城市的作用。
足球围挡：相比其他的比赛项目，足球比赛的场地较大，其围挡的排列组合关系有一定特殊性。
◎ FOP区域，即竞赛区域，指运动员比赛及裁判所在的场地，在场馆形象景观设计中，FOP区域内的形象景观最为重要，因为它直接影响运动员的比赛和电视转播的效果。由于各个场馆进行的比赛不同，对竞赛区域的景观色彩也有不同的要求，如乒乓球的FOP区域，其景观布置不能使用反光较强的白色或黄色，因为乒乓球的颜色为白色或黄色，此区域的A型围挡需使用较为沉稳的蓝色，让运动员专注比赛而不受环境干扰。

场馆内 FOP 区域（File of Play）围挡设计。

Beijing 2008

Beijing 2008
Beijing 2008
One World One Dream
Beijing 2008
同一个世界 同一个梦想
Beijing 2008
Beijing 2008
One World One Dream
Beijing 2008
同一个世界 同一个梦想

KOP 工具包的系统设计管理

KOP 工具包是奥运会形象景观实施的指导性的基础工具，在对基础形象元素进行组合设计与规范的过程中，涉及以下要素与领域。

1. 基础元素间的整合关系

在 KOP 的规范设计中，各项基础元素的整合管理是首要任务，一方面，如奥运“五环”标志与北京奥运会会徽的分布、数量、大小比例等关乎奥林匹克品牌形象与举办城市形象之间的关系处理；另一方面，每种基础元素都具有鲜明的形式特征，KOP 规范设计需要利用核心图形的纽带作用将不同风格的基础形象元素整合在一起，形成统一的北京 2008 年奥运会形象景观。

2. 场馆形象景观与单项体育项目规则的关系

各个国际单项体育组织对比赛场地的景观布置都有严格要求，细化到体育图标位置、景观色彩、围挡及地面装饰的材质以及体育器材上的装饰等，一切都要以确保运动员人身安全、不干扰运动员的正常比赛为目的。KOP 规范设计需要充分了解不同运动项目的规则与需求，保证场馆景观设计既能符合体育赛事的基本要求，又能充分展现北京 2008 年奥运会的景观特色。

3. 场馆景观与电视转播的关系

奥运比赛进行时，真正能够进入场馆观看比赛的观众是少数，更多的观众需要通过电视转播来观看比赛和了解北京 2008 年奥运会。考虑到电视转播的画面效果，场馆景观的色彩、图形、位置、大小、方向等要素与转播机位的关系，以及场馆景观规划与电视画面需求之间的平衡关系均需要进行系统设计与测试。

4. 转换期

转换期是指北京 2008 年奥运会与残奥会形象景观的转换，在较短的时间内更换残奥会的景观元素是非常艰巨而复杂的任务。为减少转换期的工作量，提升景观物料的再利用数量与水平，北京 2008 年奥运会与残奥会共用部分景观元素，如“Beijing 2008”字体、主题口号和核心图形等。

5. 景观数据编码管理

KOP 工具包的实施涉及各类形象元素及相关景观物料的分类管理，引入景观数据编码管理，有助于在实施过程中减少差错率，提升工作效率。

左页图：场馆路障设计。

◎在路障的设计方案中，中央美院设计团队提供了三个比例，设计运用会徽、“Beijing 2008”字体、主题口号和核心图形作为基本要素进行组合排列。根据国际奥委会要凸显五环的要求，以及为了方便实施，在后来的实际运用中，只保留了 1:2 的比例和“Beijing 2008”字体和五环组合元素。

景观物品编码管理

在奥运会赛时的整体景观中，横向空间中围挡与纵向空间中的旗帜构成了整个场馆与城市空间中的两个核心要素。其中旗帜的实施是采用整包制作，然后再根据旗帜的色彩规划和形象元素的组合排列进行分发。基于此，对于这么多面不同色彩和不同元素的旗帜的管理就变得尤为重要。因此，中央美院设计团队提出景观物品的编码管理系统，以方便在设计、制作和实施等环节有效地进行管理。

奥运“五环”标志与北京 2008 年奥运会会徽的关系

奥运“五环”标志是 1913 年根据皮埃尔 · 德 · 顾拜旦（Pierre de Coubertin) 的提议而设计的。现代奥林匹克运动经过一百多年的发展，奥运“五环”标志已经成为奥林匹克品牌最大的无形资产。

奥运主办城市会徽则是体现主办城市形象的核心标志，是提升城市形象及奥运商业化最有价值的品牌形象资产。

奥运“五环”标志与北京 2008 年奥运会会徽是北京 2008 年奥运会基础形象元素的核心，“五环”标志与会徽的关系及其在形象景观中的具体实施比例需要权衡国际奥委会的权益与举办城市的需求。

国际奥委会作为奥林匹克品牌的持有人，注重品牌的连续性与长期性，“五环”标志在各种应用环境与细节上的一致性及其尽可能多的视觉重复，是强化奥林匹克品牌形象的长期战略之一。而各奥运举办城市的奥运目标，更多地在于提升自己城市或国家的品牌形象，虽然这一战略与国际奥委会的品牌战略并不矛盾，因为奥运举办城市的成功与持续提升是保持奥林匹克品牌生命力与吸引力的关键因素。但相对而言，举办城市的奥运战略具有短期性与不可避免的功利性，从而出现一方面是对奥林匹克品牌核心视觉符号“五环”的有意无意的忽略或削弱，另一方面又对奥林匹克品牌商业价值的开发有过度透支的倾向或冲动。鉴于这种理论上容易理解、实践中难以自制的品牌管理难题，国际奥委会开发出奥运品牌巡查制度。“五环”标志在各种应用环境与细节上的一致性及其尽可能多的视觉重复，是强化奥林匹克平台形象的长期战略之一。在往届奥运会开幕前期，萨马兰奇甚至亲自坐在摄像机监视屏前，观察每一个机位的画面是否缺失“五环”标志。一场一切以运动员、竞技场为中心的奥运转播，更多的镜头机位安排是为了捕捉瞬间运动的精彩画面，那么特定机位范围内的形象景观上的“五环”标志也就成为巡查的重点。然而 2008 年 8 月 8 日晚，北京奥运会开幕式电视直播镜头播出罗格主席出现在主席台上的画面时，红色主席台背板上赫然出现的是“Beijing 2008”，而没有“五环”。这一开幕式全球焦点位置上的“五环”的缺失，显示了国际奥委会形象景观巡查制度百密一疏的漏洞。

2008 年 8 月 8 日晚的背板照片。

北京奥运会开幕式的当天，8 月 8 号早晨，王敏教授接到负责形象与景观的国际奥委会副总裁彼得的电话，要求立即将 VIP 座席区的景观做调整，在奥委会主席罗格身后的背板上加上“五环”，这样电视镜头出现罗格时，他的背后是奥运形象，而现在只有“Beijing 2008”字体标识。VIP 区是北京 2008 年奥运会开幕式中安保级别最高的区域，届时将有中国领导人与 80 余国家与地区的领导人入座，最后一分钟做这样的调整，即使是北京奥组委主席刘淇都不能做主，所以尽管王敏教授安排人员制作了相应的设计，经过一天的紧急磋商与层层领导审批还是不同意改，彼得打过无数电话，始终不肯放弃，一直到开幕式入场还在与王敏教授争取，最后我们还是没有实现国际奥委会的想法，罗格与彼得很失望，成为一个遗憾。但这体现了国际奥委会对自己品牌形象，对“五环”传播的孜孜不倦的努力。正是因为国际奥委会对“五环”的非同寻常的持续重视与推广，使得奥林匹克“五环”成为世界上识别度最高的品牌形象之一，奥运成为最深入人心的国际品牌。

开幕式结束后在背板上增加了“五环”标识。

左页图：旗帜编码示例。

Beijing 2008

国际转播商（BOB）对KOP工具包的建议

北京2008年奥运会是第一届采用高清技术进行电视转播的奥运会，场内的每个角落都会被摄像头覆盖。针对场馆景观设计与电视转播的技术要求之间的衔接问题，2006年11月及2007年1月，中央美院设计团队听取了BOB转播商对KOP工具包中涉及电视转播的设计建议。

BOB方面认为，景观设计不能只关注纸面呈现的视觉效果，而忽略真实情景中的整体效果，以及这种效果在电视画面中的真实呈现。景观设计只有基于多角度的观察、分析，综合考虑所有可能与需求才能获得成功。

以下是国际转播商（BOB）的部分重点建议：

1. 蓝、绿、灰色彩的使用效果更好，红、黄、白色彩的效果较弱，尽量少用红色。
2. 色彩测试，黄色不能太亮。
3. 综合考虑色彩运用，尤其要注意颁奖台的色彩处理。场馆内的采光主要用灯光来控制，注意相应的色彩变化与色彩控制。室外场地的光线变化白天与晚上有很大差别，色彩设计需要考虑光线变化因素。
4. 注意围拦的大小与图形单元的比例关系，比如足球比赛场地大，围挡较长，每五米更换图形单元比较合适。
5. 对热点比赛项目景观设计需要有所加强，如百米起跑线旁的景观设计，三级跳的沙坑处也要有专门的景观装饰。
6. 对转播机位的要求：在KOP的围拦设计中，各个元素的组合排列要考虑转播机位的位置与角度。

对于国际奥委会，奥运形象景观在电视屏幕上的呈现效果比在比赛现场还要重要，电视机前的观众超过40亿，现场不过几十万。按国际奥委会的要求，电视摄像机镜头前必须出现奥运形象。对色彩在屏幕出现效果的关注与测试对中央美院的团队而言也是一次有价值的学习机会。

在2007年北京召开的国际转播商大会上，王敏教授专门做了关于奥运形象与景观设计及KOP工具包的介绍。演讲后很多国家转播商向王敏教授表示喜欢北京的设计，特别是在屏幕上显现出的具有中国风味、绚丽、饱满的色彩。

左页图：场馆内比赛周边围挡（FOP区围挡）。这是根据转播商提出的建议进行修改后的方案，重点减少了五环白底的面积，以及将白色底加入5%的灰度，使得色彩过渡与全色五环在屏幕上的呈现更加和谐。

Beijing 2008

Beijing 2008

© 2007年12月26日，在KOP工具包设计汇报会上，北京奥组委文化活动部艺术总监提出三点意见：

1. 核心图形的色彩过于柔美，在运用时转换到大空间后，视觉力度不够强烈。

2. 使用双色系统是北京奥运的重大突破，但在KOP旗帜和围挡中所使用的色彩，明度和纯度太接近，图形不清晰。

3. 基础元素的使用中规中矩，且稍显平淡，应处理得更加活泼。

基于以上几点意见，中央美院设计团队做了进一步的改进。

上图：对旗帜与体育图标结合采用拓片的形式。

左页图：针对黄色核心图形上使用白色“Beijing 2008”字体的可识别性进行色彩测试。

Beijing 2008

奥运景观物品材料与工艺测试

在 KOP 工具包设计过程中，中央美院设计团队对相关重点景观物品材料、工艺进行测试和确认，使其达到理想的视觉效果与实施要求，满足奥运赛事的需求。

单色图形的色彩在印制时较好控制，双色渐变图形的印制有较大难度。同一种色彩在网眼布、精编有光丝、白化布等不同面料上，视觉效果有较大的差异。

往届奥运会的旗帜印制一般使用丝网印覆盖浆、热转印、写真、喷印、数码喷绘等方法，其缺点是单面印刷，一般不能渗透面料，只有单面效果。北京 2008 年奥运会的旗帜印制需要达到双面同色的优良效果，用于室外的旗帜，还要达到色牢度高、抗水洗、抗日晒等指标，最终旗帜的印制采用最新的拔染水印工艺，取得较好效果。

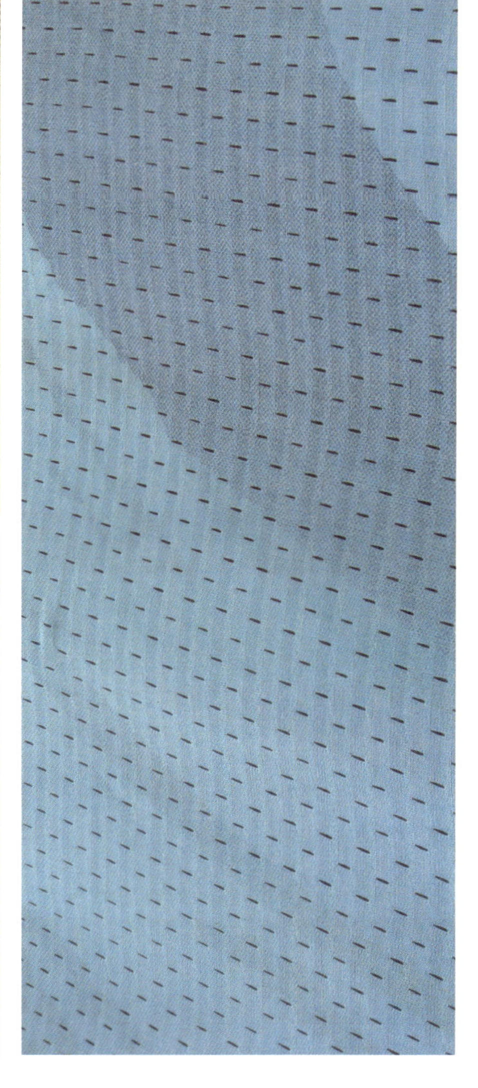

左页图：设计团队在中央美院做旗帜的色彩测试。

上图：2007 年 1 月 13 日，中央美院设计团队成员陈慰平与北京奥组委形象景观处相关人员到上海茂丰旗篷有限公司进行旗帜的印制测试。

◎雅典奥运会和都灵冬奥会的旗帜都是在上海茂丰旗篷有限公司生产制作的，该厂具有丰富的制作经验与较强的生产能力。

比赛场地周边围挡（红黄双色）

比赛场地周边围挡（蓝绿双色）

比赛场地周边围挡（红黄双色与蓝绿双色组合）

半人高围挡

等人高围挡

赞助商围挡

观众席装饰彩带

上图：KOP 工具包中的围挡设计举例。

Beijing 2008
同一个世界 同一个梦想
Beijing 2008
Coca-Cola
Beijing 2008
Beijing 2008

在经历为期一年多的设计、修改、测试工作之后，2007年3月，中央美院设计团队正式向北京奥组委内部设计团队移交KOP规范手册。

北京 2008 年奥运会形象景观 KOP 规范手册

形象景观 KOP 设计是北京 2008 年奥运会形象景观设计的运用工具包，内容包括核心图形、会徽、体育图标、吉祥物、口号等奥运基础形象元素在奥运场馆内外及城市景观中的组合运用规范。KOP 设计规范是北京 2008 年奥运会形象景观运用实施的最重要的指南性基础文件，是建立统一的北京 2008 年奥运会形象景观的基础。

为了保证北京 2008 年奥运会形象景观 KOP 设计的权威性、严肃性和一致性，尊重、保护和提升北京 2008 年奥运会的形象价值，根据国际奥委会的规定和历届奥运会惯例，北京奥组委形象与景观部门通过制定本指南，对形象景观 KOP 设计的基本标准与应用做出了规范。任何获权使用形象景观 KOP 设计的机构或个人都必须严格执行本规范。任何机构和个人都无权在未得到北京奥组委授权的情况下修改形象景观 KOP 设计，因为任何不符合本规范的使用都有可能对北京 2008 年奥运会的形象造成损害。

北京 2008 年奥运会形象景观设计的运用工具包共包括三个部分：

1. 基本元素：会徽中国印、"Beijing 2008"、口号字体规范、奥运五环、"Beijing 2008" 与奥运五环、组合方式、土题图片、奥运会吉祥物、体育图标、核心图形。

2. 场馆部分：场馆围栏（横向系列）、半人高路障、等人高围栏、入口招牌、装饰彩带、观众出入口、足球围栏、混合地带及运动员进出口建议设计、赞助商围栏。

3. 景观部分：中心区挂旗、城市街道挂旗、临时库房、媒体应用部分、典礼、发奖台背景、背景板、讲台、桌布、麦克风、告示牌、电脑围栏、摄像台。

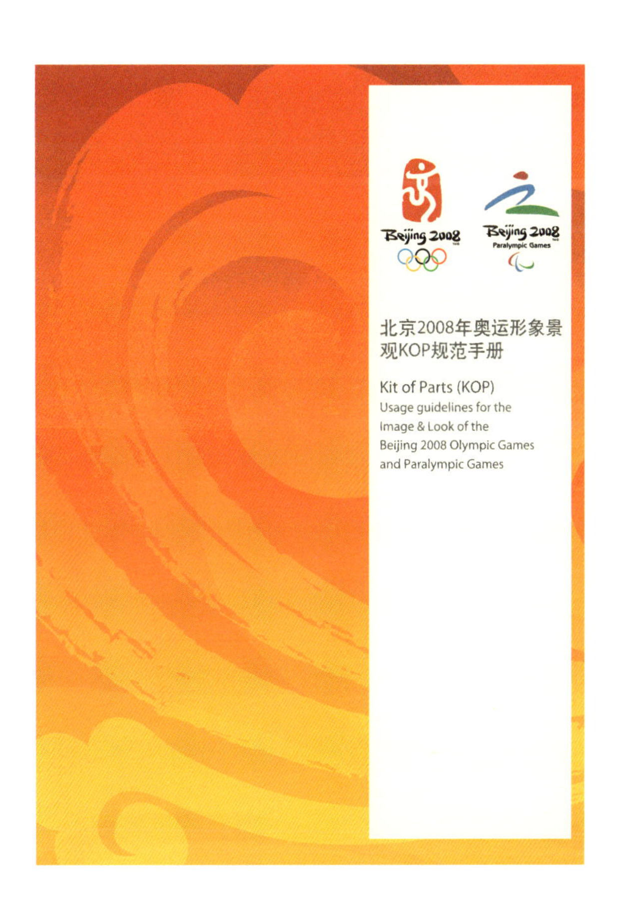

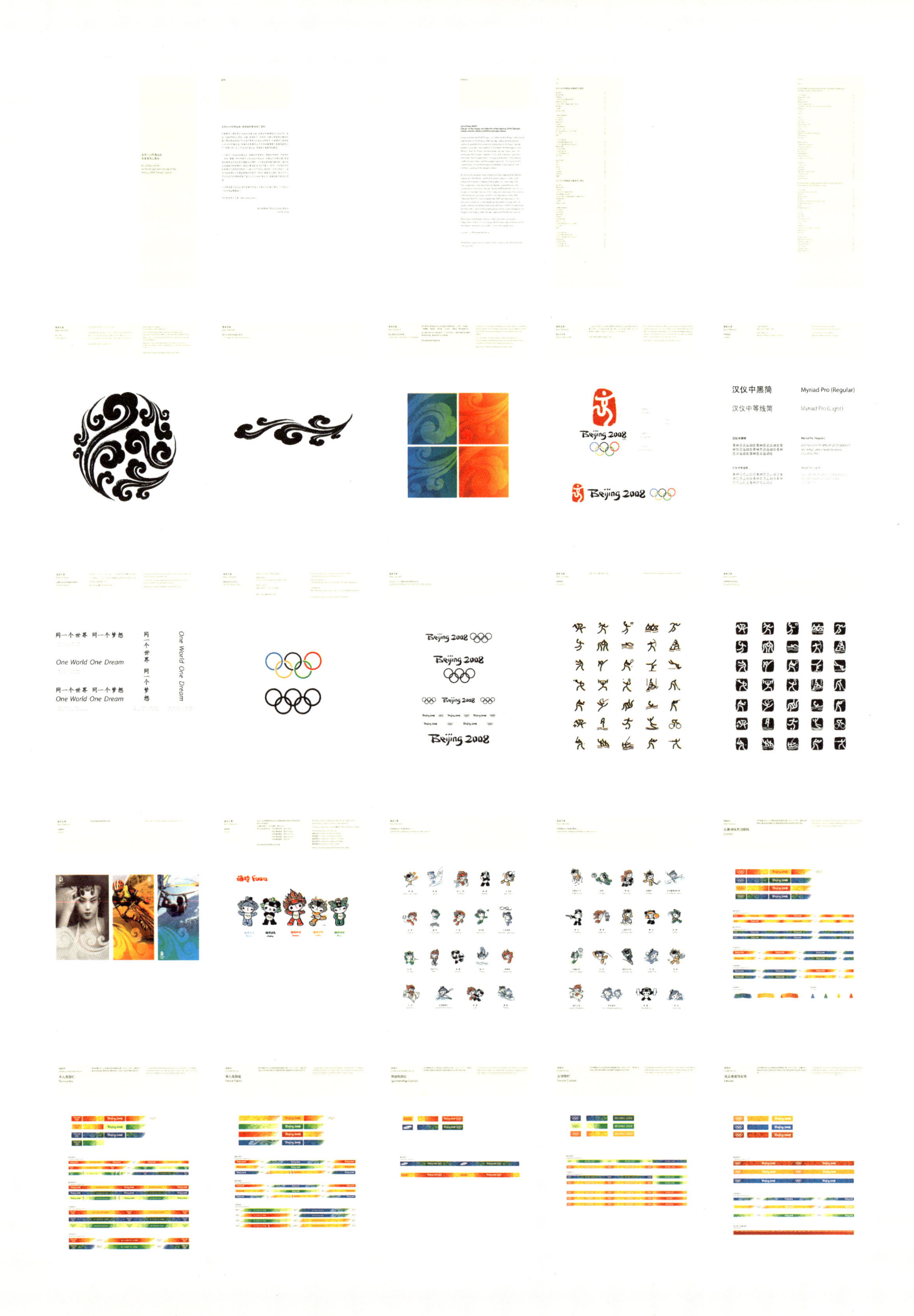
Beijing 2008
汉仪中黑简
Myriad Pro (Regular)
汉仪中等线简
Myriad Pro (Light)
同一个世界 同一个梦想
One World One Dream
同一个世界 同一个梦想
One World One Dream
同一个世界 同一个梦想
One World One Dream
Beijing 2008
Beijing 2008
Beijing 2008
Beijing 2008
福娃 Fuwa

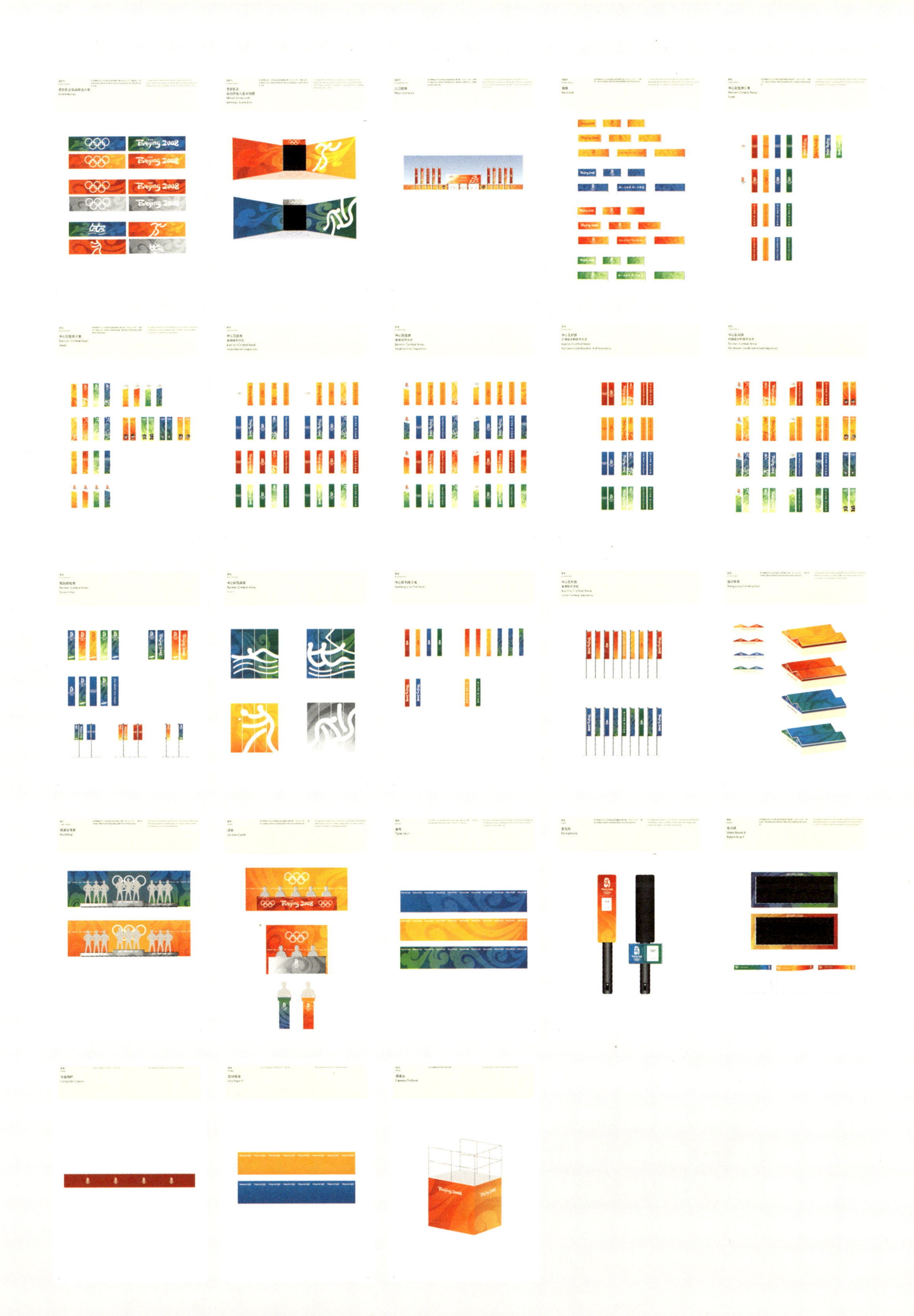
Beijing 2008

Beijing 2008

Beijing 2008

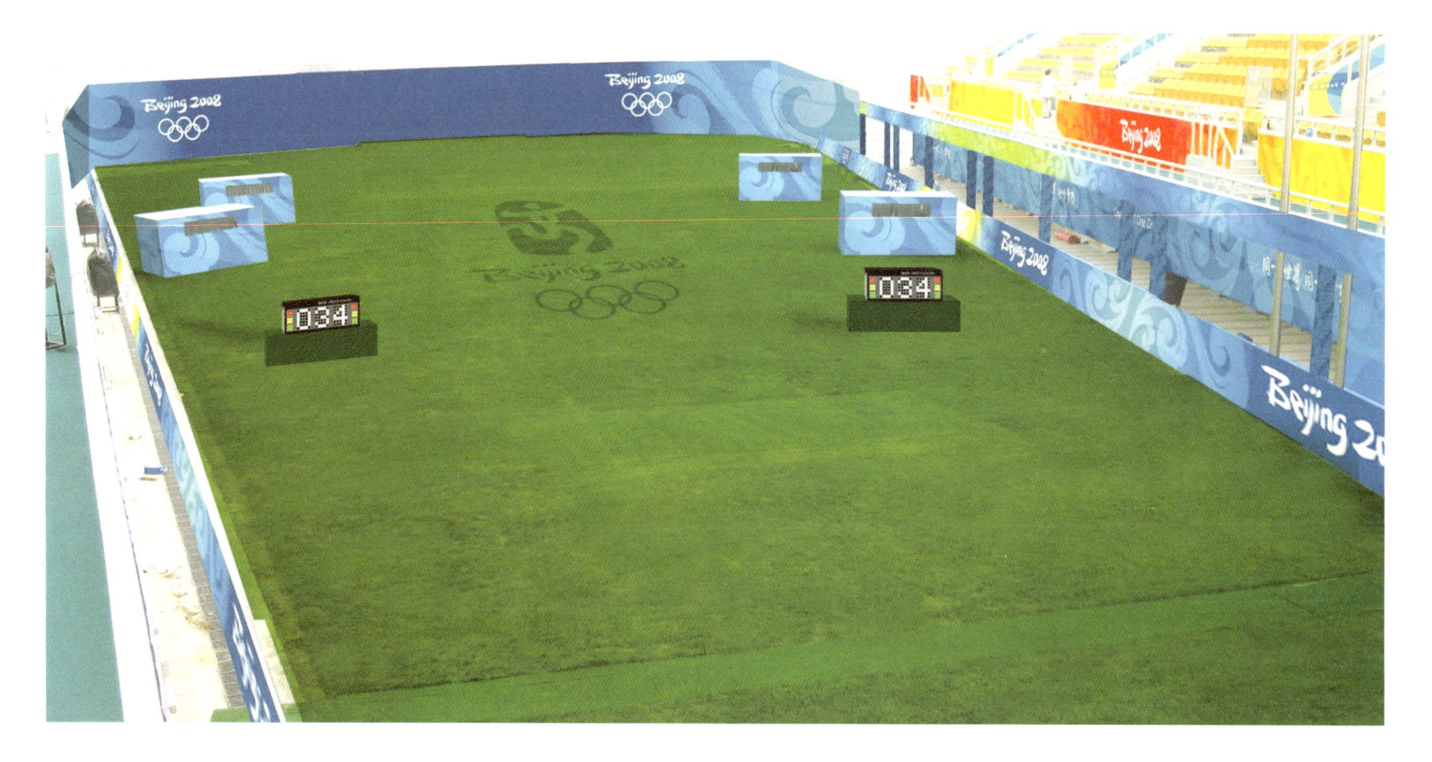
Beijing 2008
034
034

KOP 场馆景观应用设计与修改阶段

2007 年 4 月至 2008 年 6 月，北京奥组委文化活动部形象景观处的内部设计团队在中央美院提交的 KOP 规范手册的基础上，进行各奥运场馆内外部景观方案的测试与设计实施工作，在此期间，国际奥委会专家、场馆团队、国际转播商（BOB）、国际单项体育组织等多方组织或人员参与了 KOP 规范的讨论并提出宝贵意见。

国际奥委会专家强调，北京 2008 年奥运会的景观一定要突出中国特色，区别于历届奥运赛事，可采用具有强烈中国特色的红色来营造浓郁的奥运景观氛围。各场馆团队根据其场馆建筑的特点，对景观色彩及布置等提出建议。国际转播商（BOB）则要求各场馆的景观设计要充分满足电视转播的要求，尤其场馆内主机位画面中的景观色彩、文字、标识、位置等具体设计需要以电视的转播效果为第一位考虑。国际单项体育组织根据各项体育赛事的特点，对 FOP 区内的景观设计提出非常具体的规则要求，如网球、射箭、乒乓球等项目在 FOP 区的景观布置必须以蓝色调为主，不得出现过于艳丽的亮色，以防干扰运动员的比赛。

内部设计团队在听取各方意见之后，对 KOP 工具包进行了相应的调整与修改，既要满足景观的通用需求，也要对一些特殊需求进行专门的规划设计，实现奥运形象景观系统与场馆建筑风格的统一与协调，创造一种全新的、有中国文化特色的奥林匹克形象的视觉效果。

左页图（从上至下）：网球场馆内FOP区效果图、网球场馆FOP区比赛现场照片、射箭场馆内FOP区效果图。

上图：射箭场馆内FOP区比赛现场照片。

北京奥组委内部设计团队在国家体育场“鸟巢”踏勘时合影。

Beijing 2008

北京 2008 年奥运会 KOP 工具包内部设计团队成员名单

［项目名称］北京 2008 年奥运会 KOP 工具包设计

［起始时间］2007 年 4 月至 2008 年 6 月

［艺术总监］王敏 / 赵萌

［设计处处长］干哲

［设计处副处长］林存真

［设计成员］韦窦 / 徐骅 / 胡小妹 / 马宝霞 / 高鹏 / 张慧 / 张蕾 / 张维（男）/ 张维（女）/ 段雅婷 / 王福玲 / 邓颖楠 / 李贵军 / 刘旌旗 / 尹超 / 张研 / 尹超 / 鲍跃龙 / 赵坚 / 白雅虹 / 邓颖楠 / 马乐扬 / 姚健 / 董治年 / 付久强 / 宋亚男 / 张晓燕 / 杨贺 / 张盈盈 / 邢晓迪

［实施处处长］曾辉

［实施处副处长］马晓芳

［实施成员］梁亚陶 / 姚俊飞 / 高学梅 / 王洋 / 刘东雷 / 林存东 / 徐恺 / 钱新鹏 / 盛磊 / 余云斌 / 薛强 / 赵静 / 常春 / 杨雪松 / 曲兆昱 / 郑珊珊 / 周麟祥 / 高岩 / 吴春晖 / 龚继兵 / 李彦东 / 宋润民 / 邢昀 / 王俭 / 邢小迪 / 赵凯 / 张帆 / 杨晓娟 / 江寿国 / 寇玲 / 陈彬 / 李涛 / 周震 / 陈建军 / 陈建国 / 宋杰 / 郭强 / 张洪海 / 马俊峰 / 孙劼

［项目概述］

2007 年 3 月，中央美院设计团队正式完成 KOP 工具包手册，转交北京奥组委内部设计团队。内部团队根据奥运场馆的实际需求，对“祥云”核心图形色彩进行修改，制定“五彩双色渐变炫色系统”。之后经过对重点奥运场馆的实地考察与景观物品材料与工艺测试，综合平衡包括国际奥委会、北京奥组委、BOB 转播商、场馆业主、各国际体育单项组织等在内的各方意见或建议，对 KOP 工具包进行深化修改，最终付诸实践的场馆景观设计与实施。

Beijing 2008
Beijing 2008

“祥云”核心图形的色彩调整

由于高清数字转播技术在北京奥运电视转播中的运用，为了提升赛场视觉形象的清晰度与运动感，解决中央美院“祥云”核心图形方案色彩反差弱的遗留问题，北京奥组委形象景观处的内部设计团队决定去掉拉伸的祥云图形在 KOP 中的应用，提高了核心图形的纯度和明度，提出“五彩双色渐变炫色系统”的概念。

“五彩双色渐变炫色系统”是在原有单色、双色渐变的基础上增加对比色渐变和三色渐变的效果。国际奥委会形象景观专家布拉德·科普兰认为，使用五彩双色渐变是北京 2008 年奥运会的形象景观的突出特点，并给予了高度评价。

左页图：奥组委内部设计团队在中国农业大学摔跤馆进行旗帜等景观物品的测试工作。

上图：五彩双色渐变炫色系统（调色过程中文件）。

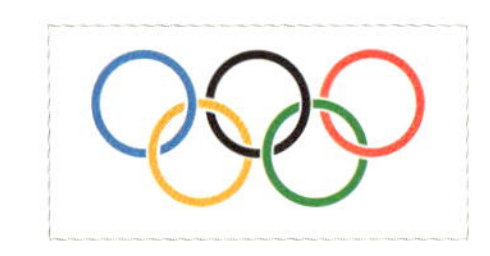

B

围挡单元

尾部围挡　　围挡组合建议排列方式

尺寸	围挡	围挡尾部	围挡顶部
高 x 宽 x 厚	0.6 × 2.4 × 0.45m	0.6 × 0.45m	0.1m
	0.6 × 1.2 × 0.45m（五环围挡）		

上图：奥组委内部设计团队在“五彩双色渐变炫色系统”基础上设计的 FOP 区域围挡（最终 KOP 中的文件）。

Beijing 2008
Beijing 2008
Beijing 2008

奥组委内部设计团队在农业大学摔跤馆进行旗帜与围挡等景观物品的测试工作。

ijing 2008

Beijing 2008
Beijing 2008
Beijing 2008
Beijing 2008
OMEGA

Beijing 2008

中国农业大学摔跤馆景观测试

为测试 KOP 相关景观物料上的色彩和图形表现，保证旗帜、围挡等重点景观物品在奥运赛事中呈现出理想的效果，2007 年 7 月 28 日至 8 月 11 日，北京奥组委内部设计团队在中国农业大学摔跤馆进行了围挡、旗帜、路障等景观装饰物品的测试工作，内容如下：

1. KOP 中各类基础元素的色彩测试。
2. 对各类旗帜进行外观、抗风载等测试。
3. FOP 围挡（A 板）连接测试。

测试过程中发现问题有：

1. "Beijing 2008" 字体标识旗帜的"祥云"底图透叠层次反差太大，从而弱化了"Beijing 2008"字体标识的识别。
2. FOP 区围挡中，五环元素与核心图形的衔接关系不够连贯。
3. 全色五环运用过多，造成白色光反射太多，使得整个 FOP 区围挡缺乏整体感。

左页图及上图：奥组委内部设计团队在中国农业大学摔跤馆进行旗帜与围挡等景观物品的测试工作。

Beijing 2008

国家游泳中心“水立方”景观测试

经过中国农业大学摔跤馆的第一次测试，内部设计团队根据测试结果重新调整、修改 KOP 相关文件，此时各个奥运体育场馆也基本完工。2008 年 4 月，内部设计团队在国家游泳中心“水立方”进行了围挡、旗帜、路障等景观装饰物品的测试。

此次测试与第一次在中国农业大学摔跤馆的测试相比，更加真实地呈现实际赛场的视觉效果，景观物品在色彩的衔接与材质运用上都有很大改进，最终确定 FOP 区围挡设计。

左页图：国家游泳中心“水立方”旗帜测试。　　上图：国家游泳中心“水立方”FOP 区域和观众席围挡测试。

130g 全光经编有光丝

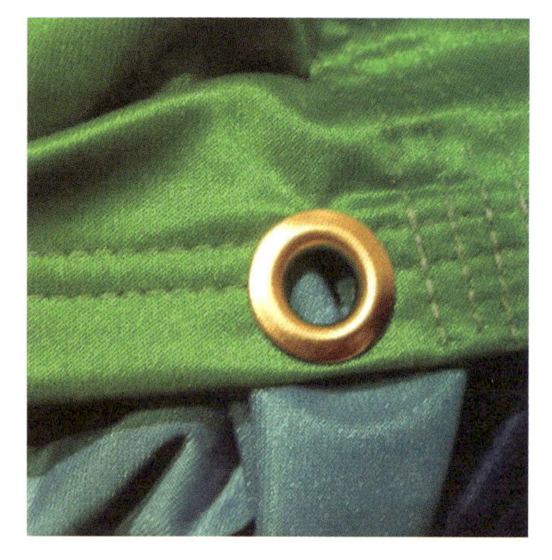

130g 全光经编有光丝

3mm 以上优质 PVC 板

150g 半光网眼经编有光丝

2mm 以上优质 PVC 板

5mm 以上纸基瓦楞板材

3mm 以上优质 PVC 板

160g 贡缎：用于观众席装饰带（室内）

5mm 以上塑料万通板

通用景观物品样品审核标准举要

为使北京奥运会形象景观的设计能够在实施时得以有效地还原色彩和保证景观物品的质量，通用物品的样品种类比较齐全，主要包括：景观旗、安保围挡、路障、A型围挡、观众席装饰带、外立面装饰共6大类11种。

1. 景观旗

(1) 材料名称：130g全光经编有光丝。

(2) 尺寸：高2700mm×宽720mm。

(3) 制作方法：制版采用丝网版，分散染料、水印。

(4) 工艺特点：经久耐用、色泽鲜艳、图案清晰、旗帜正反色差小，通透度高，不沾湿，防水拒油、耐粘污，雨天仍飘扬。

(5) 辅料：织带所用原料为高强度涤纶长丝，带面厚度为0.28mm或1.1mm（视旗帜大小而定），不褪色。篷圈材料为铜，外镀白镍，表面光滑防锈。

2. 安保围挡

(1) 材料名称：150g半光网眼经编有光丝。

(2) 尺寸：视场馆要求而定。

(3) 制作方法：制版采用丝网版，分散染料、水印。

(4) 工艺特点：经久耐用、色泽鲜艳、图案清晰、围挡正反色差小，通透度高，不沾湿，防水拒油、耐粘污。

(5) 辅料：织带所用原料为高强度涤纶长丝，带面厚度为1.1mm，不褪色；篷圈材料为铜，外镀白镍，表面光滑防锈。

3. 路障

(1) 室内路障

① 材料名称：3mm厚以上优质PVC板。

② 尺寸：视场馆要求而定。

③ 制作方法：采用高精度感光制版技术，水性UV油墨，高精度丝网印刷于3mmPVC板表面。

④ 工艺特点：经久耐用、色泽鲜艳、图案清晰、墨色饱和、防水耐晒、不褪色、模切整齐。

⑤ 辅料：篷圈材料为铜，外镀白镍，表面光滑防锈。

(2) 室外路障

① 材料名称：150g网眼半光经编有光丝。

② 尺寸：视场馆要求而定。

③ 制作方法：制版采用喷墨，加热固色（热升华）。

④ 工艺特点：经久耐用、色泽鲜艳、图案清晰、正反色差小，透明度高、防水耐晒、不褪色。

⑤ 辅料：织带所用原料为高强度涤纶长丝，带面厚度为1.1mm，不褪色。篷圈材料为铜，外镀白镍，表面光滑防锈。

4.A型围挡

(1) 室内A型围挡

① 材料名称：5mm厚以上纸基瓦楞板材，表面8丝PVC不干胶贴。

② 尺寸：长2400mm×宽450mm×高600mm。

③ 制作方法：制版采用高精度感光制版技术，印刷采用水性UV油墨，高精度丝网印刷制作。

④ 工艺特点：色泽鲜艳、图案清晰、轻型环保，表面平整，可多次拆接、色差小、一次成型，具有一定的抗外力冲击性能。

⑤ 辅料：长形砂袋（配重）。

(2) 室外A型围挡

① 材料名称：5mm厚以上塑料万通板组装成型，表面8丝PVC不干胶贴。

② 尺寸：长2400mm×宽450mm×高900mm。

③ 制作方法：制版采用高精度感光制版技术，印刷采用水性UV油墨，高精度丝网印刷制作。

④ 工艺特点：色泽鲜艳、轻型环保，便捷防水，一次成型，具有一定的抗外力冲击性能。

⑤ 辅料：长形砂袋（配重）。

5. 观众席装饰带

(1) 室内观众席装饰带

① 材料名称：2mm厚以上优质PVC板。表面8丝PVC不干胶贴。

② 尺寸：视场馆情况定。

③ 制作方法：

a. 精丝网印刷于2mmPVC板表面或粘贴丝网印制不干胶贴。

b. 喷墨高精度制版，通过烫压转印到耐热织物上。

④ 工艺特点：经久耐用、色泽鲜艳、图案清晰、表面平整，阻燃，耐候性好，具有一定的抗外力冲击性能。

⑤ 辅料：织带所用原料为高强度涤纶长丝，带面厚度为0.28mm或1.1mm，不褪色。篷圈材料为铜，外镀白镍，表面光滑防锈。

(2) 室外观众席装饰带

① 材料名称：130g全光经编有光丝。

② 尺寸：视场馆情况定。

③ 制作方法：制版采用喷墨感光或红丝膜制丝网版，采用分散染料、水印。

④ 工艺特点：经久耐用、色泽鲜艳、图案清晰、旗帜正反色差小，通透度高。

⑤ 辅料：织带所用原料为高强度涤纶长丝，带面厚度为0.28mm或1.1mm，不褪色。篷圈材料为铜，外镀白镍，表面光滑防锈。

6. 外立面装饰

(1) 材料名称：150g网眼半光编织有光丝或130g全光编织有光丝。

(2) 尺寸：视场馆情况定。

(3) 制作方法：制版采用喷墨，加热固色（热升华）。

(4) 工艺特点：经久耐用、色泽鲜艳、图案清晰、正反色差小，透明度高。

(5) 辅料：织带所用原料为高强度涤纶长丝，带面厚度为1.1mm，不褪色。篷圈材料为铜，外镀白镍，表面光滑防锈。

北京奥组委形象景观艺术总监王敏教授在奥运场馆指导场馆形象景观设计、测试工作。

国际转播商（BOB）对重点场馆的意见举要

国家体育场“鸟巢”

项目：开闭幕式、田径、足球

在整个赛事转播中，主机位转播画面占整个转播过程的60%-80%，请注意考虑主机位画面中的景观、文字及标识的朝向问题。

对于田径比赛FOP区域

1. 第一层蓝色带优于红色带，蓝色转播效果更好些。尽量不用全红，可用蓝绿渐变。但考虑中国红的问题，只是作为建议。

2.FOP区域中主机位在西侧，田径项目会在场馆的不同位置转换，设计时应注意项目切换时的画面问题。

3. 使用A型围挡时，尽可能用蓝色，可少量使用白色。

4. 体育器材上少用刺激的亮色，减少光反射。

5. 颁奖台的具体位置设于跑道内，还是跑道外？注意与A型围挡的整体和谐。

国家游泳中心“水立方”

项目：游泳、跳水、花样游泳

1. 室内主墙面吸音板两侧漏光处需遮挡，防止光线在水面上的反射。

2. 跳台区域是重点表现区域，现有的磨砂玻璃表面在白色环境中不突出，而且在摄像中颜色显脏。认可目前的部分覆盖景观图形的方式，建议用景观图形全部覆盖。

3. 跳水池中“Beijing 2008”及“五环”标志方向确定朝向运动员，且放置于远离跳台的一侧，以免影响运动员定位，确保运动员入水后产生的波浪对标识形状不会产生大的影响。

4. 颁奖背板上的“五环”标志在特写情况下不完整且过于突出（其他项目相同）。建议整体考虑，尽量减小反差或采用透明浮雕材料处理。

5. 室内水泡墙立面透光强烈且不均匀，影响拍摄。此问题国际转播商（BOB）正与业主沟通中（可能在后面夹层中填充气球），景观处理需等沟通结果。

国家体育馆

项目：体操、蹦床、手球

1. 场馆地毯的黄蓝渐变色彩对比过于强烈，色彩必须相对单纯统一，最好用淡蓝色。

2. 地毯上的“Beijing 2008”及“五环”标志过多，应减少，所有文字朝向主机位方向。

3. 围挡上的红色渐变需远离镜头方向，把红色应用于镜头出现较少的位置。

北京工业大学体育馆

项目：艺术体操、羽毛球

FOP区域地毯面向裁判台一侧的“Beijing 2008”字体方向应朝向裁判台。比赛场地周边围挡的蓝黄渐变最好调整为蓝绿渐变，与地毯色彩的蓝绿渐变在色彩上保持一致。候分区的背板上应减少出现白色“Beijing 2008”字体，或减弱“Beijing 2008”字体与背板色彩的对比度。如需出现，尽量放置在背板两侧区域，避免出现在运动员身后的区域。

左页图：鸟巢赛场的实景照片。

2007 年 5 月，两位景观顾问来北京奥组委指导内部团队的 KOP 修改工作。

最终确定的 KOP 工具包方案

经过反复修改与测试，北京奥组委内部设计团队于 2008 年 6 月最终完成 KOP 工具包的设计工作，并得到北京奥组委的确认，这为各场馆景观方案的细化奠定了基础。

KOP 工具包被划分为六个部分：

第一部分为基础元素，包括奥运“五环”标志、会徽、核心图形、体育图标、色彩系统、吉祥物、图片等北京奥运基础形象元素。

第二部分为奥运场馆内用品，包括 FOP 区域、场地周边围挡（A 板）、运动员与观众出入口、观众座席装饰带、临时看台、训练场馆周边围挡等。

第三部分为景观物品，包括媒体新闻背板、新闻桌布、告示牌、颁奖背板、旗帜、路障、不干胶贴等与赛事相关的景观物品。

第四部分为景观装置，包括起终点景观、安检口帐篷、观众信息服务亭、赞助商背板等景观装置。

第五部分为流线设计，主要包括运动员流线、观众流线、贵宾流线、媒体流线等。

第六部分为个性化设计，包括地面装饰、体育图标装饰旗、异型装饰旗等。

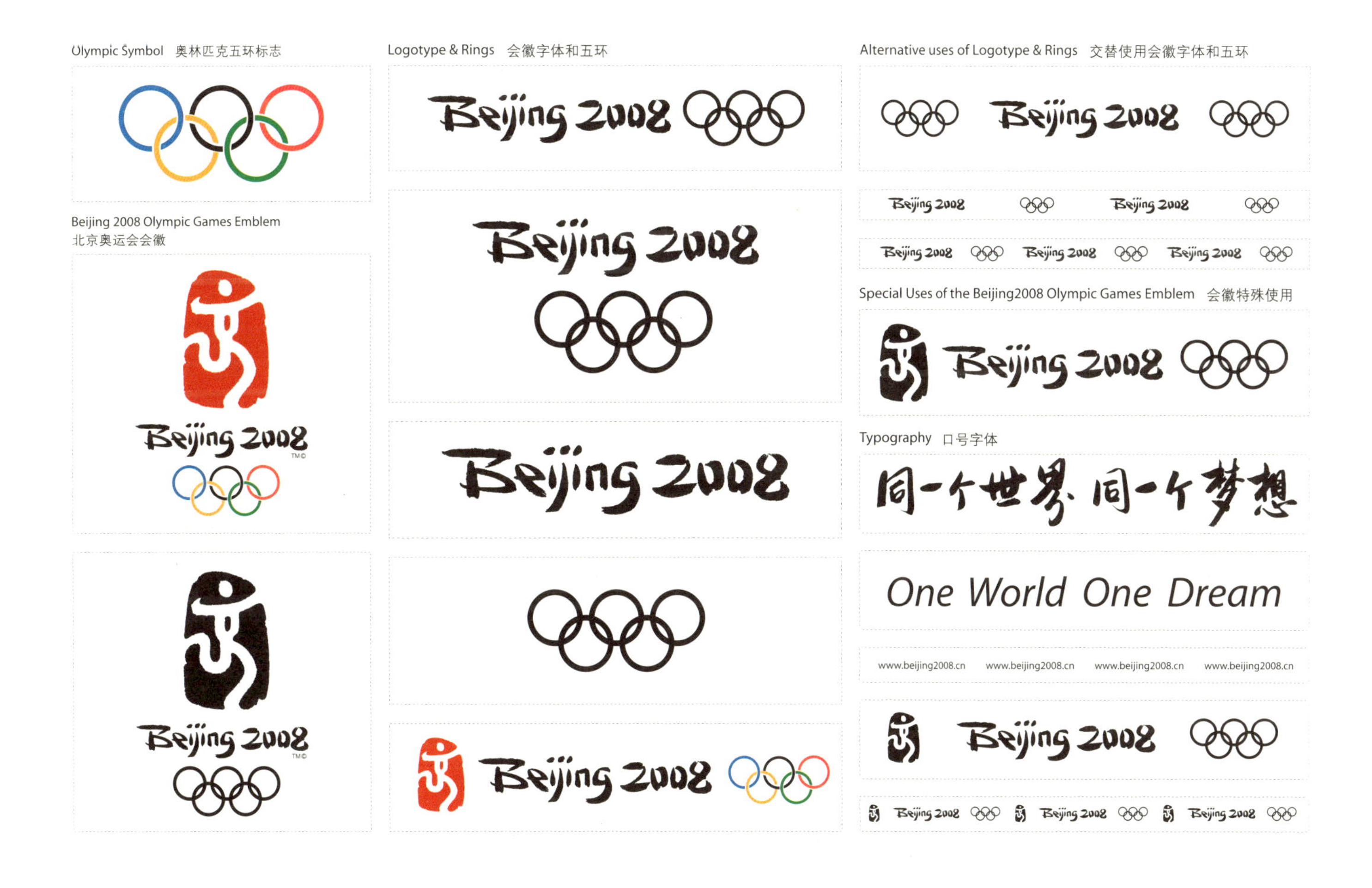

左页图：奥运会形象景观 KOP 整体色彩系统图。

上图：奥运会 KOP 基础元素中五环、会徽、口号的组合排列关系。

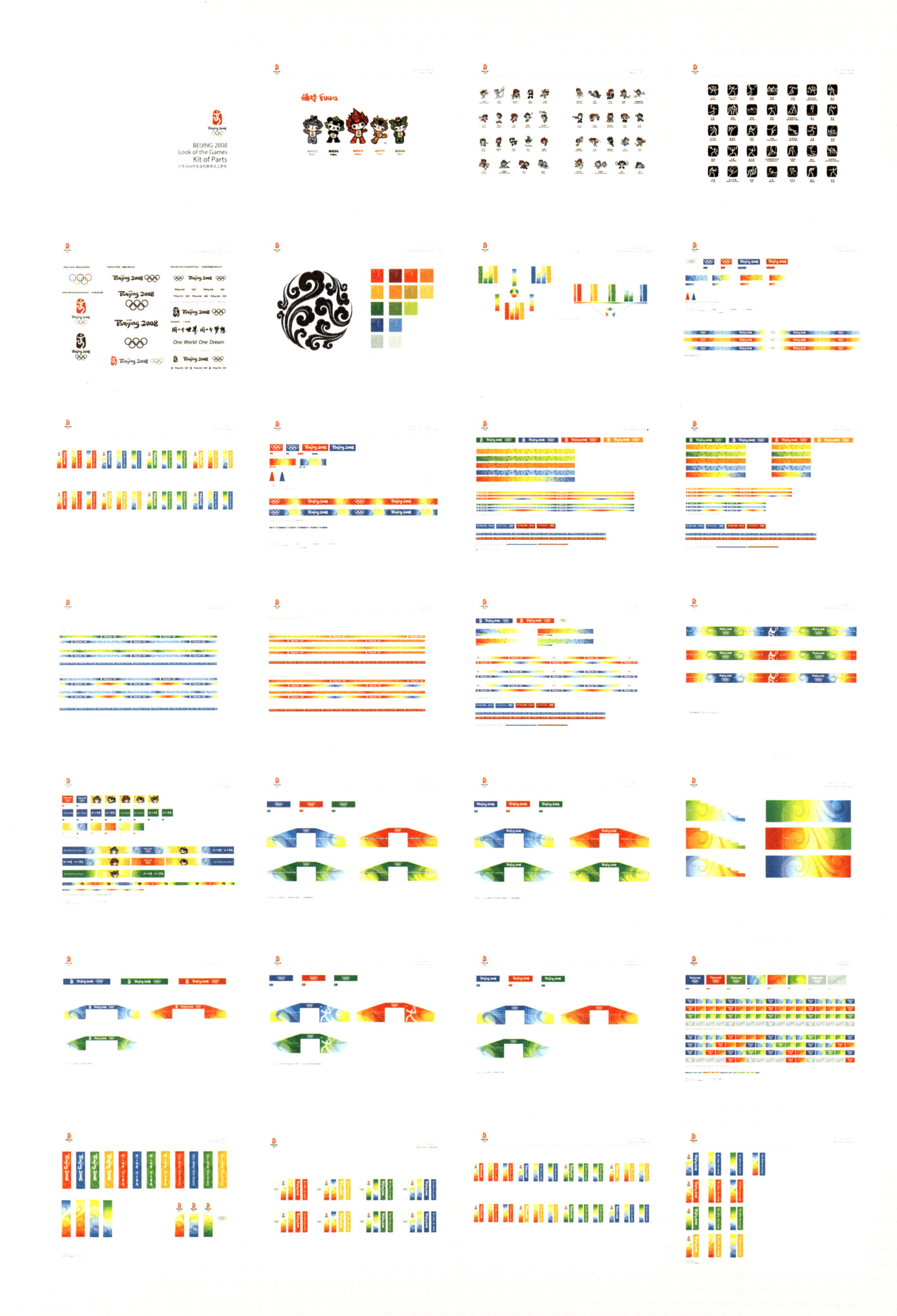
BEIJING 2008
Look of the Games
Kit of Parts
福娃 Fuwa
One World One Dream

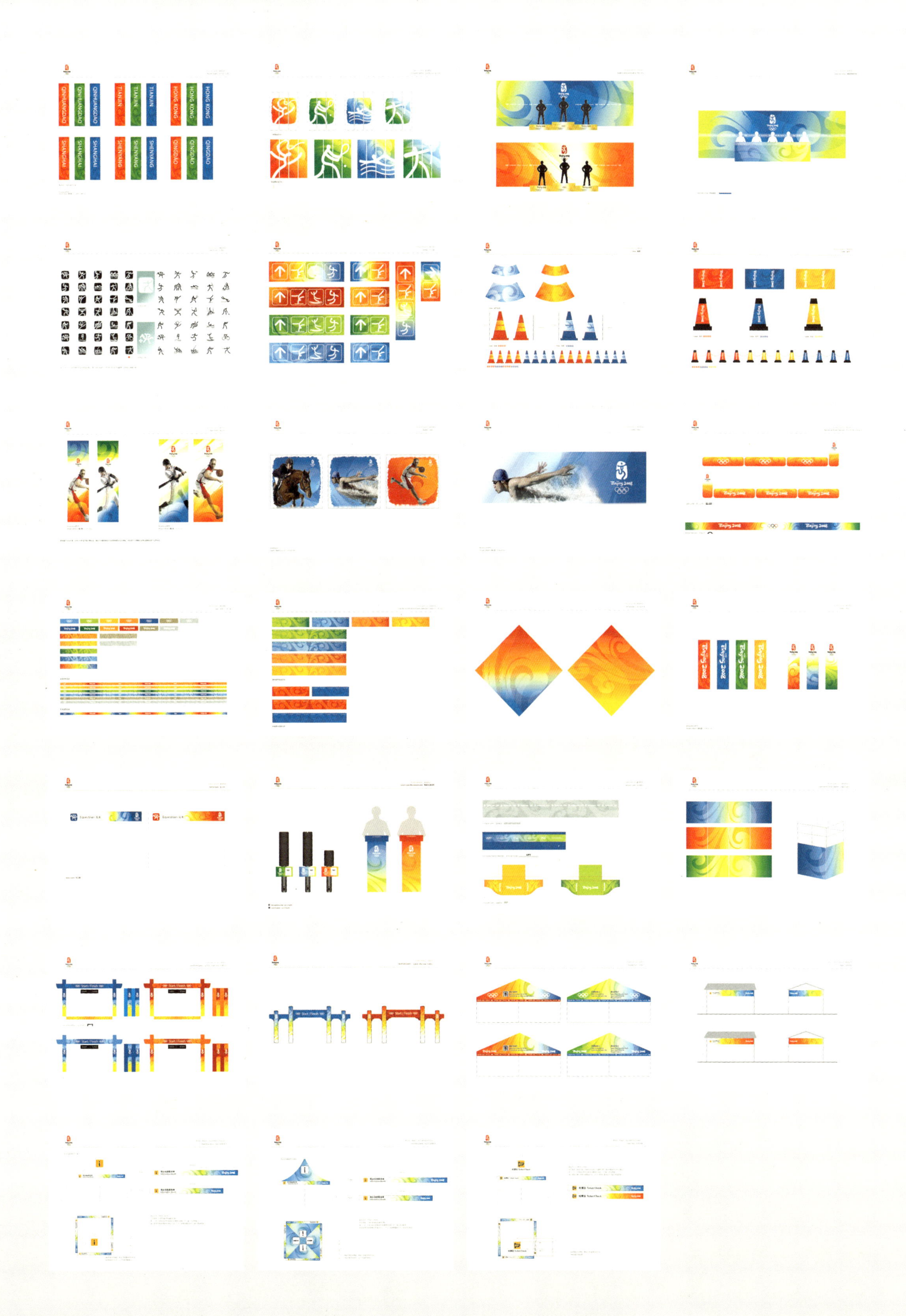
QINHUANGDAO
TIANJIN
HONG KONG
SHANGHAI
SHENYANG
QINGDAO

Beijing 2008

场馆景观深化设计与实施阶段

团队在完成了所有奥运基础元素组合与KOP工具包的开发，基本确定各场馆的设计方案之后，于2008年6月进入场馆景观的深化设计与实施阶段。北京2008年奥运会共有31个竞赛场馆，15个非竞赛场馆，在场馆深化设计与实施过程中，场馆的奥运形象景观呈现是以功能为第一位，即符合所有比赛项目的基本规范、满足赛事及转播的基本需求。同时要求各场馆具体的深化设计体现北京奥运形象景观特色，有别于往届奥运会，做到整体形象景观的统一，强化奥林匹克品牌形象。

北京2008年奥运会形象景观的创新要点

1. 色彩表现从单色系向多色系突破。历届奥运会的色彩运用以单色系为主，北京奥运会以五色渐变形成色彩系统。

2. 视觉传达模式从平面系统向多维系统发展。历届奥运会形象景观偏重印刷、纸质媒介为主的平面设计和形象元素运用，北京2008年奥运会形象景观为功能景观系统、展示景观系统和文化景观系统三个系统，形成了形象景观的多维系统设计模式。

3. 形象景观从静态呈现向动态展示转变。历届奥运形象景观表现方式以平面的、静态的方式为主，北京2008年奥运形象景观引入多媒体显示和互动景观装置等表现形态，运用当代高科技和信息技术形成人性化、互动形态的形象景观展示。

形象元素体系和景观应用体系

奥运会、残奥会形象景观由形象元素和景观应用两大体系有机构成，是奥运形象景观规划设计的重要内容。北京2008年奥运会形象元素包括奥林匹克五环标志、北京2008年奥运会会徽、主题口号、吉祥物、色彩系统、核心图形、二级标志、体育图标、标识图标、专用活动和专用服务标志、官方海报和官方图片等，它们是北京2008年奥运会形象景观的基本元素。残奥会形象元素包括国际残奥委标志、北京2008年残奥会会徽、主题口号、残奥会吉祥物、色彩系统、核心图形、二级标志、残奥会体育图标、残奥会标识图标、专用活动和专用服务标志、残奥会官方海报和官方图片等，它们是北京2008年残奥会形象景观的基本元素。

奥运会、残奥会形象景观应用体系

以中国文化、民族民间文化、北京地域文化作为奥运会、残奥会形象景观的三大艺术来源，形成奥运形象景观元素。以此为基础，形成文化内涵深厚、富有艺术表现力的奥运会、残奥会景观应用体系。通过奥运竞赛场馆、非竞赛场馆、训练场馆、相关赛事产品、赞助商识别系统、标识系统以及城市形象载体的应用实施，创造北京2008年奥运会鲜明、完整、一致的视觉形象，形成奥运会、残奥会的总体景观。

1. 形象景观元素载体

景观载体：FOP、道旗、悬挂旗、安保围挡、楼体装饰景观、标识装置、景观构架物、背景板、体育器材、公共设施、交通工具、临建设施、水景空间、主题雕塑、公共艺术装置、城市家具、互动投影、多媒体显示系统等。赛事相关物品：服装（志愿者服装、技术官员服装、工作人员服装等）、火炬、奖牌、颁奖台、获奖证书、证件、门票、注册卡、奥运地图系统、秩序册、赛事指南、专用交通车体、志愿者用品、颁奖仪式用品、观众服务用品、礼宾用品、奥运纪念产品等。

2. 形象景观元素应用规范

奥林匹克“五环”标志、国际残奥委标志：主要用于国际奥委会、国际残奥委官方机构的重要会议，以及奥运会、残奥会的重点景观、重要场所和城市景观系统中的非商业景观。北京2008年奥运会会徽、残奥会会徽：主要用于奥运会、残奥会的场馆景观、城市景观系统、奥运相关产品开发和奥运文化活动等。奥运会、残奥会吉祥物：主要用于城市景观系统、奥运相关产品开发和奥运文化活动等。主题口号："同一个世界 同一个梦想"用于竞赛场馆、非竞赛场馆、场馆公共区和城市景观系统。奥运会、残奥会体育图标：35个奥运会体育图标、20个残奥会体育图标用于各竞赛场馆、训练场馆、奥运村和奥林匹克公共区。色彩系统：中国红、琉璃黄、青花蓝、国槐绿、长城灰、玉脂白构成了北京2008年奥运会的专用色彩系统，其中绿色象征"绿色奥运"，蓝色象征"科技奥运"，红色黄色象征"人文奥运"。在此基础上分为黄、红双色系（暖色基调）和蓝、绿双色系（冷色基调）两种主色调。奥运会、残奥会核心图形：运用最广泛的基础图形，大量用于场馆和城市景观中的FOP、道旗、围挡、景观装饰物、背景板、交通工具、公共设施等方面。指示图标：是北京2008年奥运会、残奥会标识系统的基础元素，由35个体育图标、25个国家强制使用的交通安全和消防应急标识、191个奥运会各项功能指示标识以及色彩、字体、箭头符号等视觉信息元素构成。奥运会、残奥会二级标志：志愿者标志主要用于志愿者活动，环境保护标志主要用于绿色奥运项目活动，文化活动标志主要用于奥运文化节和奥运文化活动广场。奥运会、残奥会专用活动和专用服务标志：火炬传递标志、安保标志、青年营标志、奥运村标志等。主要用于特定业务领域和特定服务领域。奥运会、残奥会官方图片：奥运会体育竞赛主题图片35幅、残奥会体育竞赛主题图片20幅、人文风采主题（笑脸、奥运激情、群众场景等）15幅、北京民俗与名胜古迹（京剧、天坛、胡同等）10幅，共计80幅官方图片，用于奥运会、残奥会的宣传展示。奥运会、残奥会官方海报：以北京2008年奥运会体育竞赛主题、北京2008年残奥会体育竞赛主题、中国人文精神主题、中国与北京风光为四类主题，每类主题为三幅海报，构成奥运会、残奥会各九幅为一组海报的系列展示效果，用于场馆景观和城市景观中。

形象景观规划分级

根据奥运竞赛场馆、非竞赛场馆、训练场馆的功能属性和所在区域的重要性，对奥运形象景观进行分级规划。为达到主次分明、层次有序的效果，奥运场馆形象景观与城市形象景观各分为A、B、C三个层级。

A级：竞赛场馆

奥林匹克公园中心区：国家体育场、国家游泳中心、国家体育馆。西部场馆区：五棵松篮球馆、五棵松棒球场。东部场馆区：工人体育场。

非竞赛场馆：首都机场、主新闻中心(MPC)、国际广播中心(IBC)、奥运大厦、奥运村、赞助商接待中心、总部饭店。

B级：竞赛场馆

奥林匹克公园中心区及辐射区：奥林匹克公园网球中心、奥林匹克公园射击场、奥林匹克公园曲棍球场、北京农业大学体育馆、北京科技大学体育馆、北京航空航天大学体育馆、北京大学体育馆、北京理工大学体育馆、首都体育馆、击剑馆、英东游泳馆、奥体中心体育场、奥体中心体育馆。西部场馆区及辐射区：老山小轮车赛场、山地自行车场、场地自行车馆等场馆群、丰台垒球场。东部场馆区及辐射区：工人体育馆、朝阳公园沙滩排球场、北京工业大学体育馆、顺义奥林匹克水上公园场馆。

非竞赛场馆：北京奥运物流中心、制服发放和注册中心、青年营、安保指挥中心。

C级：各单项体育训练场馆

形象景观级差配置

A级景观：道旗、旗阵、围挡、标识系统、大型景观构筑物、主题雕塑、公共艺术装置、大型绿化景观、大型灯光照明系统、互动投影、激光景观、多媒体显示系统。

B 级景观:道旗、围挡、中小型景观构筑物、景观小品、公共艺术装置、标识系统、绿化、灯光、多媒体显示系统。

C 级景观：道旗、围挡、标识系统、景观小品、绿化、灯光。

场馆与城市形象景观的主次关系

奥运场馆形象景观与城市形象景观互为一体，城市区域景观分级、级差配置围绕奥运场馆进行规划，形成主次分明、相得益彰的层次关系。

A 级城市景观：以奥运场馆（或场馆区）为中心，场馆周边区域、辐射区域和重要的奥运文化活动广场形成城市景观重点区。

B 级城市景观：主要交通道路和其他奥运文化活动广场为城市景观次重点区。

C 级城市景观：城市商业中心、旅游区和有一定特色的街区、街道和社区。

形象景观流线设计

场馆景观流线：由安检门区（重要地点）、公共区（道路分流区次重点）、场馆入门区（景观重点）、场馆内路径（次重点）、场馆内 FOP 景观（重点）构成一个轻重相宜、节奏有序的景观流线系统。

城市景观流线：由城市重要景观节点、主要交通路网和场馆周边辐射区域构成“点、线、面”结构的城市景观流线。城市街区景观以营造气氛为主，城市节点景观以突出主题为主。街区以道旗、围挡、建筑遮挡物、绿化、灯光配置为主要城市景观。节点景观以城市家具、雕塑、公共艺术装置、绿化、灯光配置为主。

北京 2008 年奥运会、残奥会形象景观体系

形象元素体系

1. 奥林匹克“五环”标志、国际残奥委标志

奥林匹克五环标志、国际残奥委标志主要用于国际奥委会、国际残奥委官方机构的重要会议以及奥运会、残奥会的重点景观、重要场所和城市景观系统中的非商业景观。

2. 北京 2008 年奥运会会徽、残奥会会徽

北京 2008 年奥运会会徽、残奥会会徽主要用于奥运会、残奥会的场馆景观、城市景观系统、奥运相关产品开发以及奥运文化活动等。

3. 奥运会、残奥会吉祥物

奥运会、残奥会吉祥物主要用于城市景观系统、奥运相关产品开发和奥运文化活动等。

4. 主题口号

主题口号“同一个世界 同一个梦想”用于竞赛场馆、非竞赛场馆、场馆公共区和城市景观系统。

同一个世界 同一个梦想
One World One Dream

5. 奥运会、残奥会体育图标

35 个奥运会、20 个残奥会体育图标用于各竞赛场馆、训练场馆、奥运村和奥林匹克公园中心区。

6. 色彩系统

中国红、琉璃黄、青花蓝、郭槐绿、长城灰、玉脂白构成了北京奥运的专用色彩系统，其中绿色象征“绿色奥运”，蓝色象征“科技奥运”、红色黄色象征“人文奥运”。

7. 奥运会、残奥会核心图形

奥运会、残奥会核心图形是运用最广泛的基础图形，大量用于场馆和城市景观中的 FOP、道旗、围挡、景观装饰物、背景板、交通工具、公共设施等方面。

8. 指示图标

由 35 个体育图标、25 个国家强制使用的交通安全和消防应急标识、199 个奥运会各项功能指示标识、3 种代码规范图标、色彩、字体、箭头符号等视觉信息元素构成。

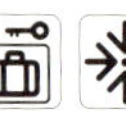

9. 奥运会、残奥会二级标志

志愿者标志主要用于志愿者活动，环境保护标志主要用于 绿色奥运项目活动，文化活动标志主要用于奥运文化节和奥运文化活动广场。

10. 奥运会、残奥会专用活动、服务标志

火炬传递标志、安保标志、青年营标志、奥运村标志等，主要用于特定业务领域和特定服务领域。

11. 奥运会、残奥会官方图片

奥运会体育竞赛主题图片 35 幅、残奥会体育竞赛主题图片 20 幅、人文风采主题（笑脸、奥运激情、群众场景等）15 幅、北京民俗与名胜古迹（京剧、天坛、胡同等）10 幅，共计 80 幅官方图片用于奥运会、残奥会的宣传展示。

12. 奥运会、残奥会官方海报

以北京 2008 年奥运会体育竞赛、北京残奥会体育竞赛、中国人文精神、中国与北京风光为四类主题，每类主题为三幅海报，构成奥运会、残奥会各九幅为一组海报的系列展示效果，用于场馆景观和城市景观中。

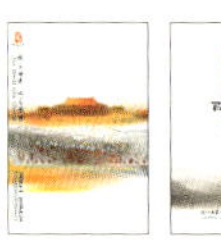

规范手册

《北京 2008 年奥运会会徽规范管理手册》
《北京 2008 年残奥会会徽规范管理手册》
《北京 2008 年奥运会、残奥会色彩系统》
《北京 2008 年奥运会二级标识使用指南》
《北京 2008 年奥运会吉祥物标准形象使用指南》
《北京 2008 年残奥会吉祥物标准形象使用指南》
《北京 2008 年奥运会体育图标使用指南》
《北京 2008 年残奥会体育图标使用指南》
《北京 2008 年奥运会、残奥会核心图形基础使用指南》
《北京 2008 年奥运会形象元素非商业应用图集一》

应用手册

《北京 2008 年奥运会视觉形象管理手册》
《北京 2008 年奥运会出版物规范》
《北京 2008 年奥运会特许产品设计规范》
《北京 2008 年奥运会 BOB 转播商管理手册》
《北京 2008 年奥运会导视系统应用规范手册》

KOP【形象景观工具包】
形象元素与场馆功能需求相整合

1. 基础元素
   奥林匹克五环标志 / 国际残奥委标志 / 会徽 / 主题口号 / 吉祥物 / 色彩系统 / 核心图形 / 体育图标
2. 场地内用品
   FOP 区域 / 场地周边围挡（A 板）/ 运动员与观众出入口 / 观众座席装饰带 / 临时看台 / 训练场馆周边围挡等。
3. 景观物品
   媒体新闻背板 / 新闻桌布、告示牌 / 颁奖背板 / 旗帜、路障 / 不干胶贴等。
4. 景观装置
   起终点景观 / 安检口帐篷 / 观众信息服务亭 / 赞助商背板等。
5. 流线
   观众流线 / 运动员流线 / 媒体流线 / VIP 流线等。
6. 个性化设计
7. 各比例的核心图形

应用于景观载体

1.FOP
2. 旗帜
3. 围挡
4. 楼体装饰景观
5. 标识装置
6. 景观构架物
7. 背景板
8. 体育器材
9. 公共设施
10. 交通工具
11. 临建设施
12. 水景空间
13. 主题雕塑
14. 公共艺术装置
15. 城市家具
16. 互动投影
17. 多媒体显示系统

景观应用体系

1. 奥运会竞赛场馆
   31 个竞赛场馆
2. 非竞赛场馆
   15 个非竞赛场馆
3. 训练场馆
   68 个独立和附属训练场馆
4. 相关赛事产品
   制服 / 火炬 / 奖牌 / 颁奖台 / 获奖证书 / 门票 / 注册卡 / 奥运地图系统 / 秩序册 / 赛事指南 / 专用交通车体 / 志愿者用品 / 颁奖仪式用品 / 礼宾用品 / 奥运纪念产品
5. 赞助商识别系统
6. 指示系统
7. 城市形象

Beijing 2008
GL1 K1

国家体育场“鸟巢”景观分析与对策

国家体育场（鸟巢）位于奥林匹克公园中心区，是举行奥运会、残奥会开闭幕式的重要场馆，是举办马拉松、竞走、田径和足球决赛的竞赛场地。它与国家游泳馆（水立方）遥遥相对，构成北京2008年奥运会最具特色的标志性景观建筑。在奥运大道和龙形水域的衬托下，鸟巢建筑成为奥林匹克公园的景观至高点。

根据国际奥运会惯例和通用规范，国家体育场景观分为FOP和SUR两大区域。FOP指场馆内竞赛区,SUR指竞赛区之外的场馆看台、场馆外立面和公共活动区。由于国家体育场“鸟巢”是钢结构造型,既没有大面积墙面可利用,也没有整块的空间来安装具有震撼效果的景观,无法营造突出的兴奋点。鉴于此，在实施景观的过程中，北京奥组委领导确立了一个基本原则：保持“鸟巢”的建筑风貌，其建筑外立面保持建筑本身的美感，不宜做景观装饰，在建筑结构之间进行见缝插针式地置入景观设计。在国家体育场形象景观深化设计中重点结合场馆的使用功能性，运用色彩来划分不同人群的流线。例如，贵宾流线以“中国红”、“琉璃黄”为主色调；运动员流线分为热身场地和FOP竞赛区域，统一以“青花蓝”为主色调；媒体区以“青花蓝”和“琉璃黄”为主色调；观众群流线以“中国红”、“国槐绿”为主色调。

跑道上的巨大的五环标志是国家体育场景观里一个重要元素，这是国际奥委会的规定设计。跑道上的五环标志看似简单，但对我们是一个挑战，明度不能太强，那样会影响运动员比赛，又要足够清晰，以便可以在阳光下、夜晚灯光下都能看清楚，最重要的是在电视屏幕上能很好地显示出来。为此，王敏教授与布拉德·科普兰五次去现场勘察，确定最佳效果。

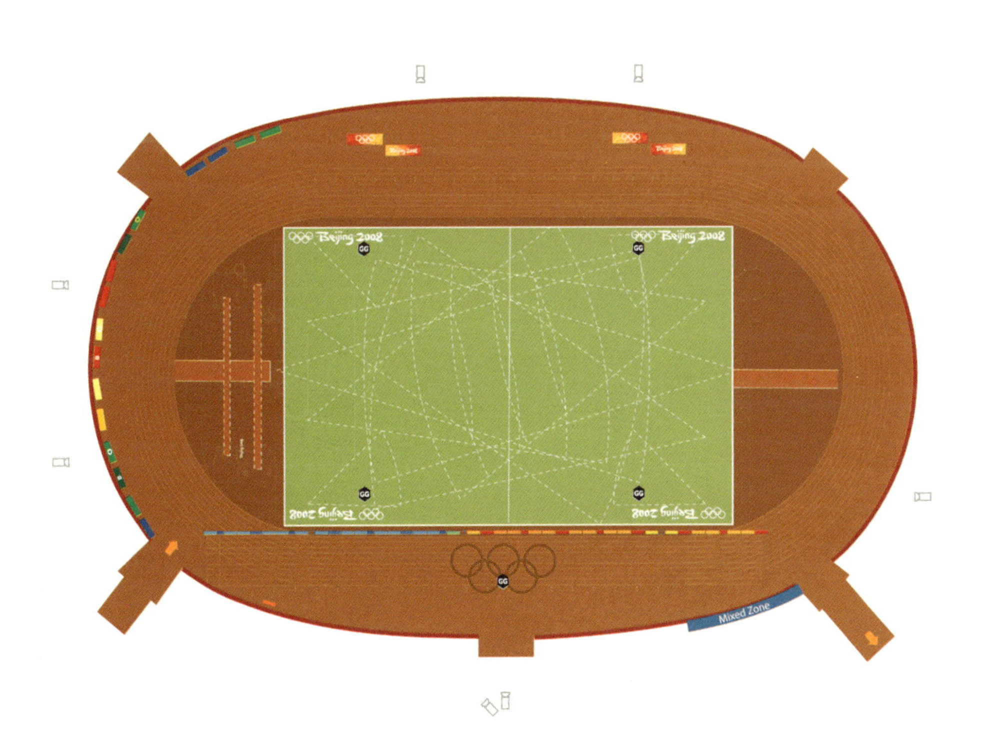

左页图：国家体育场“鸟巢”场内景观实景。

上图：国家体育场形象景观深化设计图。

右上图：国家体育场“五环”标识应用实景图。

◎国家体育场“鸟巢”的景观项目经理：刘东雷，景观设计师：韦窦。

D
E

同一个世界

Beijing 2008
Ω OMEGA
9
7
5

9
6
5
4
19

One World One Dream

Beijing 2008
Beijing 2008

国家游泳中心“水立方”景观分析与对策

国家游泳中心“水立方”是北京 2008 年奥运会标志性场馆之一，具有鲜明的建筑特色。“水立方”的景观设计主要体现在 3 个方面：

1. 东南观众主入口的景观设计

“水立方”户外公共区域的景观设计以烘托场馆建筑特色为主，只在场馆外围出入口的檐式结构上采用景观元素进行点缀。景观设计运用全色渐变系统，不同色彩对应不同的出入口，在发挥引导功能的同时，营造场馆外围的热烈气氛。

2.FOP 区域的巨型吸音墙面景观设计

与采用通透的灰白色墙面相比，采用全色渐变的墙面，以大面积的渐变色彩烘托整体视觉面貌，这在历届奥运景观实践中尚属首例。经过积极沟通，该设计在国际奥委会和国际转播商（BOB）的支持下顺利实施。

大面积的景观图形、FOP 区域围挡和观众席装饰带三者之间形成面与线的呼应。色彩由下至上呈现从热烈至冷静的视觉效果，观众席装饰带与座椅不规则的蓝白图案相间，形成优美的韵律，在赛事现场及转播中呈现了丰富的视觉面貌。

3. 以景观体系为基础，功能区与流线区域巧妙结合

从观众入口集散大厅到环廊的空间，采用清爽的蓝黄渐变的色彩系统，立柱、门头以奥运“五环”标志、祥云核心图形为主体，墙面则点缀体育图标及官方图片。

不同流线区域则以单色祥云核心图形为主，带来简洁明快的视觉感受和指示功能作用。

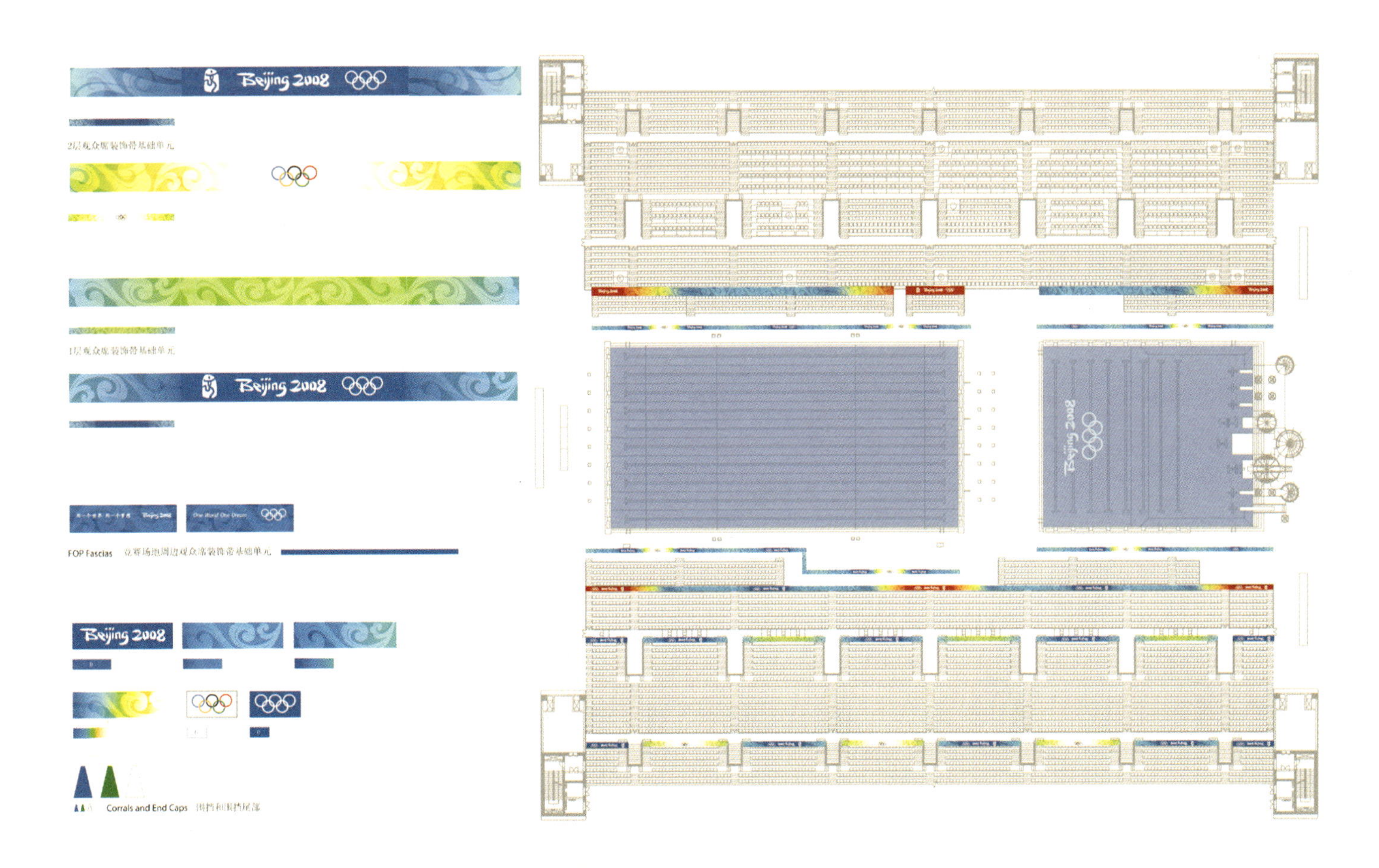

左页图：国家游泳中心“水立方”跳台区域景观设计实景。 上图：水立方场馆内深化设计图。

©国家游泳中心“水立方”的奥运景观项目经理：王洋，景观设计师：张维。

水立方场馆内 FOP 区域的巨幅吸音墙面景观实景照片。

Beijing 2008

Beijing
Beijing 2008

212
213
112
113
111
112
Beijing 2008
Beijing 2008
Beijing 2008
Beijing 2008

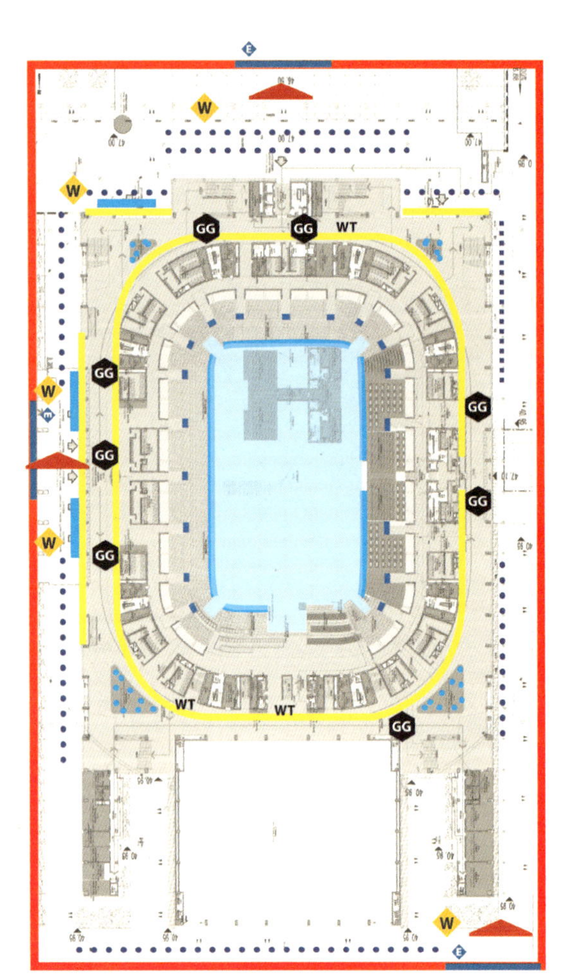

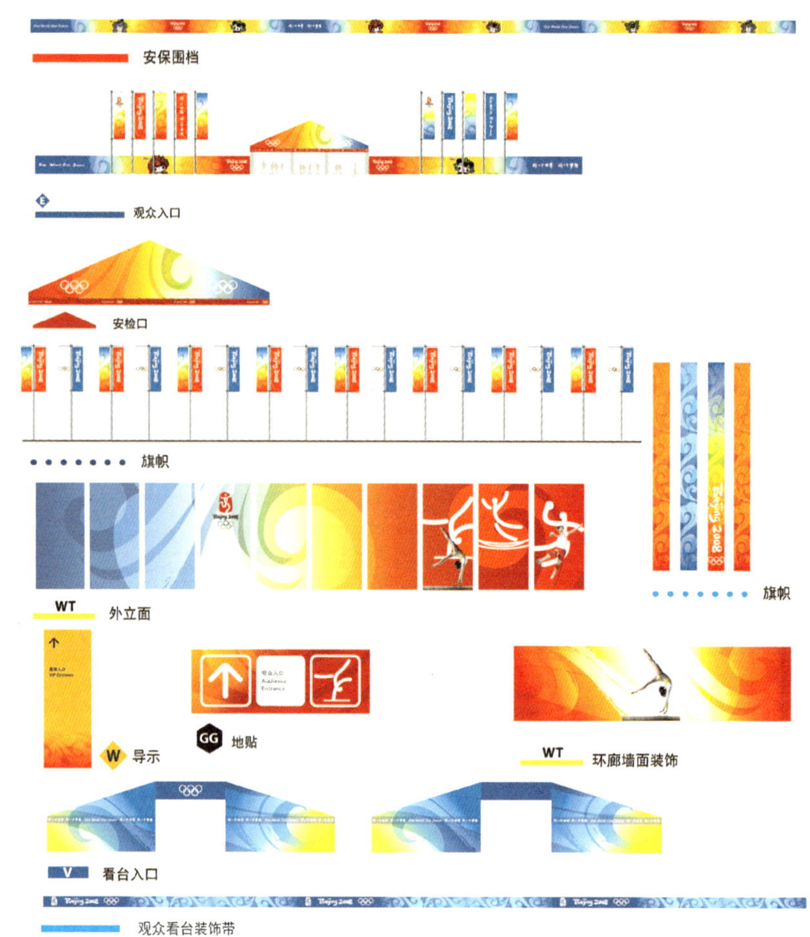

比赛场地周边围挡/ Corrals

观众席装饰带/Fascia

观众席装饰带/FOP Fascias

桌布/Table Skirt

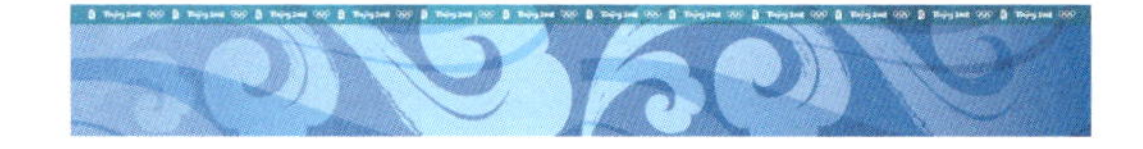

国家体育馆景观分析与对策

国家体育馆的景观设计根据现有建筑的空间结构，重点设置 FOP 竞赛场地、观众观光平台、景观步道等区域，整个场馆以“红黄蓝”渐变色调为主，突出了展示景观和人文景观。FOP 区使用“蓝黄”渐变的色彩，于 2008 年 8 月完成景观布置工作。然而开赛前，国际奥委会形象景观顾问布拉德 · 科普兰现场视察时提出强烈的质疑，认为 FOP 区现有景观色彩过于单调，无法在国际转播商（BOB）转播时呈现强烈的视觉效果，要求对现有布置进行修改。场馆方与景观经理坚决反对修改意见，因为比赛迫在眉睫，对整个 FOP 区重新进行景观布置，将面临巨大的风险。

最后，经过多方协调与沟通，设计师最终对整体方案进行连夜修改，将色彩调整为更加丰富的多色渐变。

事实证明，虽然现场感受喧闹、有过度设计之嫌，但在电视转播中，景观表现与画面效果却恰到好处。高度注重景观转播效果是奥运景观设计的重要特点。

左页图：国家体育馆形象景观深化设计图。

◎国家体育馆的景观项目经理：高学梅，景观设计师：张维（女）。

上图（从上至下）：国家体育馆前期深化效果图与完成后的实景照片。

同一个世界 同一个梦想
One World One Dream
Beijing 2008

Beijing 2008
Beijing 2008
Beijing 2008
Beijing 2008

Beijing 2008
OMEGA

Beijing 2008

WUKESONG
ARENA
Beijing 2008

Beijing 2008

五棵松篮球馆景观分析与对策

五棵松篮球馆从 2008 年 8 月 9 日至 24 日承担北京 2008 年奥运会篮球赛事，这是北京 2008 年奥运会历时最长的赛事，从开幕式的第二天开始，直至闭幕式的当天结束，篮球赛事也是奥运热点比赛项目。

内部设计团队刚开始时选用红黄蓝渐变作为篮球馆的主要基调，总体构想是根据观众进入场馆的路线，篮球馆外部采用以蓝色为主体的红黄蓝色彩渐变，篮球馆内部中心场地则采用以红色为主体的红黄蓝色彩渐变。蓝色是比较冷静、清爽的颜色，运用于馆外空间，在炎热的夏季会为观众带来清凉舒适的感受。红色是热烈喜庆的中国颜色，鉴于篮球比赛的激烈程度，馆内中心场地以红色为主体色，场地的周边围挡采用蓝黄两色，既体现篮球项目的对抗性，又有助于营造热烈而时尚的现场气氛。起初，国际奥委会相关官员对篮球馆的设计方案非常满意，但在后期与国际篮球联合会（FIBA）进行沟通时，他们指出 FIBA 以往比赛的中心场地都是以蓝色为基调，而红色虽然突出了奥运会的中国特色，但容易与 NBA 混淆，所以建议仍然采用蓝色为基调。最后的方案是把馆内外的色调进行整体调换，得到了各方的认可。

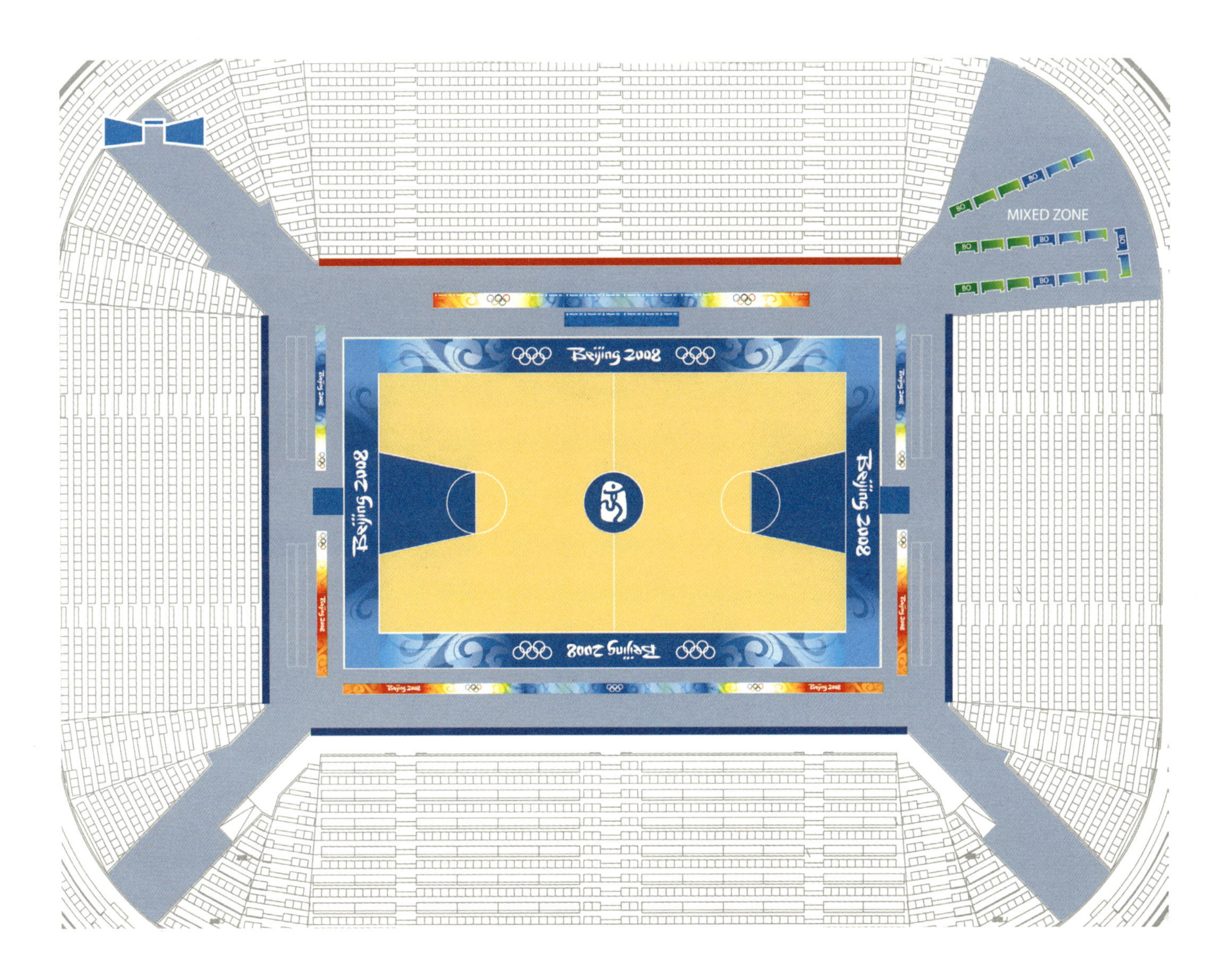

左页图（从上至下）：早期馆内中心场地以红色为主体色的方案效果图、篮球馆内部设计效果图的过程方案。

上图：最终实施的篮球馆内部设计图。

◎五棵松篮球馆的景观经理：徐凯，景观设计师：张慧。

Beijing 2008
Beijing 2008
One World One Dream
Beijing 2008

Beijing 2008

Beijing 2008
One World One Dream
03:18
24
USA
ESP

06:32
24
Beijing 2008
同一个世界 同一个梦想
Beijing 2008
One World One
One World One Dream
Beijing 2008
Beijing 2008
Beijing 2008
27
BOB
19
BOB

One World One Dream

Beijing 2008
One World One Dream

Beijing 2008

Beijing 2008

同一个世界 同一个梦想
One World One Dream

Beijing 2008

MPC
主新闻中心
Main Press Centre

同一个世界 同一个梦想
One World One Dream

同一个世界 同一个梦想
One World One Dream

IBC
国际广播中心
International Broadcast Centre

Beijing 2008
IBC

Beijing 2008

Beijing 2008

Beijing 2008
Beijing 2008
2008
Panasonic

同一个世界 同一个梦想
One World One Dream

eijing 2008
Haier

Beijing 2008
G1 F1

CATIC
D
出口
Exit
入口
Entrance

Beijing 2008

同一个世界 同一个梦想
One World One Dream

Beijing 2008

Beijing 2008
BOCOG
Photo Services
Photo Services

Beijing 2008

Beijing 2008

One World One

Beijing 2008

www.beijing2008.cn
Beijing 2008

Beijing 2008

会徽图形

会徽文字

国际残奥委会标志

北京 2008 年残奥会会徽

北京 2008 年残奥会会徽设计

残疾人奥运会起源于二战后各国伤残军人参与社会生活的需求。自 1960 年在意大利罗马举办第一届残奥会以来，残奥会已成为一百多个国家和地区的数千名残疾人运动员参加的、最高水平的残疾人竞技体育比赛，是奥运会之外的第二大国际体育盛事。

2000 年，国际奥委会和国际残奥委会签署协议，在残奥会组织工作方面进行合作，北京 2008 年残奥会是国际奥委会与国际残奥委会签署协议后举办的第一届残奥会，是残奥会历史上第 13 届残奥会。

北京奥组委在申奥成功之后，同时启动了 2008 年北京奥运会和残奥会的筹备工作。其中会徽作为一届残奥会最具影响力的形象标志及残奥会所倡导和追求的精神、理念的核心体现，成为北京奥组委、残奥会筹备组织中的一项重要工作。北京残奥会会徽的设计征集活动采取了委托创作的方式向社会定向征集。2004 年 3 月 24 日，北京奥组委向 6 家符合要求的设计单位发出了北京残奥会会徽征集文件。中央美术学院设计学院的所有学生和 4 位教师积极参与设计，共提交了 60 个作品。经过学校的两轮评选，最终确定了 5 个作品提交给北京奥组委。通过专家的评审，中央美术学院设计学院副教授、第 8 工作室导师刘波创作的作品“极”得到多数评审认可并提出。在广泛吸取了各方意见之后，刘波副教授对作品“极”进行了 6 次大幅度的修改。6 月 10 日，在北京奥组委执委会召开的北京 2008 年残奥会会徽审定会上，确定了作品“极”为北京 2008 年残奥会会徽备选方案。

2004 年 6 月 21 日，残奥会会徽设计方案最终得到了国务院批准。

2004 年 7 月 13 日，北京奥组委正式向全世界发布了残奥会会徽“天地人”。

北京 2008 年残奥会会徽设计理念

北京 2008 年残奥会会徽以天、地、人和谐统一为主线，把中国的文字、书法和残疾人奥林匹克运动精神融为一体，集中体现了中国传统文化和现代奥林匹克运动精神，体现了“心智、身体、精神”和谐统一的残疾人奥林匹克运动精神，具有深厚的中国传统文化底蕴。

会徽图形部分，即由红、蓝、绿三色构成的“之”字形，以书法的笔触表现出一个运动的人形，仿佛一个向前跳跃的体操运动员，又如一个正在鞍马上凌空旋转的运动员，体现了运动的概念。“之”字有出生、生生不息之意，也有到达之意，其字形曲折，寓意历经坎坷最终达到目标获得成功。

在会徽所使用的色彩中，红色，寓意着太阳；深蓝色，寓意着蓝天；绿色，寓意着大地。3 种颜色的 3 个笔画综合起来成为一个运动的人形，即为“天地人”，体现了中国传统文化中“天人合一”的思想，表达了现代人秉持科学的发展观，追求运动的和谐、人的自身与自然、社会和谐发展的理念。会徽的色彩还充分体现了北京奥运会的三大理念。红色，是具有浓重中国特色的“中国红”，体现了“人文奥运”的理念；深蓝色，代表着高科技，体现了“科技奥运”的理念；绿色，代表着环保，体现了“绿色奥运”的理念。

北京 2008 年残奥会会徽“天地人”以汉字作为会徽图案，北京 2008 年奥运会会徽“中国印－舞动的北京”以印章作为会徽图案，“中国字”和“中国印”都是中国传统典型的文化元素，充满了中国文化特色，两者在思想和艺术风格上遥相呼应。两个会徽相得益彰，相映成辉，突出了“人文奥运”的理念，寓意深刻，表现力强。

梦想
Beijing 2008

BOB
One World One Dream
同一个世界同一个梦想

Beijing 2008
Paralympic Games

Beijing 2008
Paralympic Games

Beijing 2008
Paralympic Games

北京 2008 年残奥会形象景观

为充分体现“两个奥运　同样精彩”的理念，残奥会与奥运会使用同样的核心图形设计。由于残奥会会徽、吉祥物、体育图标等基础元素与奥运会不同，所以在奥运会结束后，在景观转换期将形象景观转换为残奥会的形象景观体系。

奥运会、残奥会赛事竞赛项目景观转换

1. 转换原则：首先保证 FOP 区的需要，然后保证其他区域的转换。

2. 转换准备：场馆景观团队按照残奥会场馆形象景观实施转换工作计划，确认转换设计方案的全部内容，落实转换场次、转换时间节点，明确团队人员分工，清点残奥会形象景观转换的物品、设备、配件、工具等项目。

3. 转换实施：实施人员进入施工现场，按照赛事转换时限、场馆运行程序节点进入场地，对照深化的设计方案和转换工作计划，拆除原有部分奥运会的形象景观，安装新的残奥会形象景观。转换时间较短的场馆，可考虑拆除与安装同步进行，安排两组人员，一边拆除一边安装。

4. 拆除物品回收：替换下的形象景观物品应妥善保存在场馆提供的储存空间，待赛后统一移交。

◎景观转换期：指第 29 届夏季奥林匹克运动会闭幕至第 13 届残疾人奥林匹克运动会开幕前的时期，共计 12 天。在此期间，为使场馆具备举办残奥会的条件，会对部分景观物品进行调整转换。

运动员入口
教练员及随队官员入口
Athletes Entry
Team Official & Coach Entry

Beijing 2008
Paralympic Games

北京2008年奥运会核心图形与形象景观设计大事记

2005年3月	北京奥运辅助图形设计竞标工作启动。中央美术学院设计学院成立辅助图形设计团队，向北京奥组委提报11个设计方案。
2005年4月	经北京奥组委组织召开的首轮辅助图形设计专家会议评议，中央美院的“中国韵律”、“龙行盛世”、“丝舞之路”、“中国图”四套方案入围。 在第二轮评选中，中央美院的“中国图”、“中国韵律”两套方案进行修改。
2005年5月	集中对“中国图”方案进行修改。
2005年6月	“中国图”方案被北京奥组委否定。
2005年7月	北京奥组委组织成立中央美术学院与清华大学美术学院联合设计团队，在北京郊区对辅助图形进行为期一个月的封闭式创作。
2005年7月	清华大学美术学院副院长何洁教授提出“祥云”主题的辅助图形草案。
2005年7月10日	第一次辅助图形专家会议召开。
2005年7月底	国际奥委会将“辅助图形”更名为“核心图形”。
2005年8月底	北京奥组委确认“祥云”核心图形为北京2008年奥运会核心图形。
2005年11月	中央美院设计团队开始将KOP的设计纳入到“祥云”核心图形的切割设计开发过程之中。
2006年2月	中央美院设计团队对“祥云”核心图形进行深化和规范工作。
2006年2月	在“祥云”核心图形中加入丝绸肌理，以增强图形的层次感。
2006年3月	邀请常沙娜教授修改“祥云”核心图形。
2006年3月	设计“祥云”核心图形单色系统。
2006年3月	在KOP的环境下测试“祥云”核心图形的切割及其与其他元素的组合关系。规划KOP工具包的初步框架。
2006年3月14日	中央美院设计团队向北京奥组委文化活动部提交KOP工具包草案。
2006年4月	“祥云”核心图形正式运用在北京奥运大厦的室内外景观中。
2006年5月中旬	继续研发“祥云”核心图形的切割比例与运用设计。
2006年7月	杭海副教授修改“祥云”核心图形，“祥云”核心图形造型最终确认。
2006年8月	布拉德·科普兰来访北京，在中央美术学院奥运艺术研究中心与设计团队共同研究KOP色彩事宜，要求将双色渐变作为KOP的主要色彩系统。
2006年8月	就核心图形飞白渐变效果配合转播商进行拍摄测试。
2006年8月至10月	中央美院设计团队决定使用双色和单色两套核心图形系统，双色系统文件处理成位图格式。单色系统文件处理成以矢量格式。
2006年10月23日	“祥云”核心图形被国际奥委会确认。
2006年11月	研究KOP基础元素组合关系。
2006年12月	KOP规范手册正式开始编制，重点设计围挡和旗帜部分。
2006年12月	到上海印制旗帜，测试色彩效果。
2006年12月	西奥多拉·玛莎里斯来京指导KOP设计工作。
2006年12月26日	杭海副教授在北京奥运大厦向北京奥组委文化活动部相关领导汇报KOP的设计方案。
2007年1月13日	到上海茂丰旗蓬有限公司进行旗帜印制工艺测试。
2007年1月17日	中央美院设计团队在五洲大酒店向国际奥委会专家汇报KOP方案。
2007年1月18日	中央美院设计团队听取国际转播商(BOB)对KOP的建议。
2007年3月2日	考虑残奥会转换期的问题，设计团队把残奥会KOP的设计列入工作范围。
2007年3月	中央美院设计团队完成KOP规范手册。
2007年3月	中央美院设计团队将KOP规范手册移交北京奥组委景观处内部设计团队。

2007年4月	奥组委形象景观处内部团队依据KOP工具包，开始设计奥运场馆内外部景观实施方案。同时内部设计团队对核心图形色彩进行重新调整，提出五彩双色渐变炫色系统概念。
2007年5月2日	布拉德·科普兰和西奥多拉·玛莎里斯来京指导工作，内部团队重新细化KOP归类，确定五彩双色渐变炫色系统。
2007年7月至8月	内部设计团队在中国农业大学摔跤馆进行景观物料测试。
2007年10月25日	国际奥委会官员对于KOP工具包、场馆景观、城市景观规划提出修改意见。
2007年12月16日	北京奥组委内部设计团队考察鸟巢。
2008年2月	确定KOP工具包中的旗帜与围挡的图形元素组合排列。
2008年3月8日	内部团队与国际转播商（BOB）讨论主要场馆FOP区的景观布置。
2008年3月11日	KOP工具包递交国际奥委会审核，各场馆的景观设计方案基本完成。
2008年4月23至25日	内部设计团队进行“水立方”FOP区域景观测试。
2008年6月	KOP工具包方案设计完成。

内文用纸为100克欧维斯米白纸，由康戴里贸易（上海）有限公司北京分公司提供

图书在版编目（CIP）数据

云与气 北京2008年奥林匹克运动会核心图形及奥运形象景观系统设计 / 王敏，杭海主编 . — 北京：中国建筑工业出版社，2012.11

（为北京奥运设计 | 北京2008年奥林匹克运动会形象景观设计系列丛书）

ISBN 978-7-112-14847-9

Ⅰ. ①云… Ⅱ. ①王… ②杭… Ⅲ. ①夏季奥运会—标志—设计—北京市—2008 Ⅳ. ①G811.211 ②J524.4

中国版本图书馆CIP数据核字（2012）第263403号

责任编辑：李东禧 唐 旭 李成成
责任校对：王誉欣 陈晶晶

顾　　问：潘公凯 谭 平 王 敏 许 平 宋协伟 杭 海 王子源 林存真
主　　编：王 敏 杭 海
编　　委：王 敏 杭 海 胡小妹 王 捷 王雪皎 陈慰平 薛 梅
整体设计：胡小妹 王 捷 陈慰平
版式设计：胡小妹 王 捷 陈慰平 王雪皎 孟 洁 吴 颜 王 璐 岳仕怡 李 平 王 兮 牛 静 万 力 赵沅沣 花 睿 郭 鑫 张 睿 王 岩 高璐瑜 刘 典 林 帆 李晶晶

为北京奥运设计 | 北京2008年奥林匹克运动会形象景观设计系列丛书

云与气

北京2008年奥林匹克运动会核心图形及奥运形象景观系统设计

中央美术学院奥运艺术研究中心

王敏 杭海 主编

*

中国建筑工业出版社出版、发行（北京西郊百万庄）
各地新华书店、建筑书店经销
中央美术学院奥运艺术研究中心制版
北京顺诚彩色印刷有限公司印刷

*

开本：965×1270毫米 1/16 印张：19¼ 字数：770千字
2012年11月第一版 2012年11月第一次印刷
定价：278.00元
ISBN 978-7-112-14847-9
(22930)